EM BUSCA DO
TEMPO PERDIDO

Fernando Rezende

EM BUSCA DO TEMPO PERDIDO

É preciso buscar o fio da meada para desembaraçar o novelo fiscal

FGV EDITORA

Copyright © 2016 Fernando Rezende

Direitos desta edição reservados à
EDITORA FGV
Rua Jornalista Orlando Dantas, 37
22231-010 | Rio de Janeiro, RJ | Brasil
Tels.: 0800-021-7777 | 21-3799-4427
Fax: 21-3799-4430
editora@fgv.br | pedidoseditora@fgv.br
www.fgv.br/editora

Impresso no Brasil | Printed in Brazil

Todos os direitos reservados. A reprodução não autorizada desta publicação, no todo ou em parte, constitui violação do copyright (Lei nº 9.610/98).

Os conceitos emitidos neste livro são de inteira responsabilidade dos autores.

1ª edição: 2016

COORDENAÇÃO EDITORIAL E COPIDESQUE
Ronald Polito

REVISÃO
Victor da Rosa e Marco Antonio Corrêa

PROJETO GRÁFICO DE MIOLO E DIAGRAMAÇÃO
Ilustrarte Design e Produção Editorial

CAPA
Ilustrarte Design e Produção Editorial

**Ficha catalográfica elaborada pela
Biblioteca Mario Henrique Simonsen**

Rezende, Fernando
  Em busca do tempo perdido: é preciso buscar o fio da meada para desembaraçar o novelo fiscal / Fernando Rezende. - Rio de Janeiro : FGV Editora, 2016.
  148 p.

 Inclui bibliografia.
 ISBN: 978-85-225-1892-0

  1. Política tributária – Brasil. 2. Reforma tributária – Brasil. 3. Política orçamentária – Brasil. I. Fundação Getulio Vargas. II. Título.

CDD – 336.30981

Sumário

Apresentação: Carlos Ivan Simonsen Leal   9

Introdução: Esperanças e frustrações   11

Capítulo I: De fracasso em fracasso só restou o cansaço
(crônica de uma deterioração anunciada)   15
  1. Epílogo: O que começou mal não tinha chance de dar certo   15
  2. O caminho do desastre   20
    2.1 Primeiro episódio: Muito barulho no início do ano
       para nada   20
    2.2 Segundo episódio: A resistência em redefinir a rota
       foi contribuindo para o agravamento dos problemas   30
       A (in)esperada meia volta na proposta de ajuste fiscal   36
    2.3 Terceiro episódio: O que se podia esperar das novas
       medidas anunciadas no início do segundo semestre
       de 2015   38
       De onde não se espera nada é de onde não virá nada mesmo   38
       A crise política e suas implicações   41
    2.4 A visita da velha senhora   43

Capítulo II: A ilusão ainda não acabou: o ajuste fiscal continua
ignorando a reforma do processo orçamentário   49
  1. A essência do orçamento: muito além dos números sobre
    o tamanho do déficit   51

1.1 O que precisa ser considerado em um esforço de
busca da combinação capaz de assegurar a essência
do orçamento? 52
1.2 As três dimensões do equilíbrio orçamentário 54
2. O Ploa 2016 e o PPA 2016-19. Algum sinal de mudança
com o objetivo de recuperar a essência do orçamento? 57
2.1 A credibilidade 57
2.2 A imprevisibilidade 62
A ilusão de que os problemas são passageiros e que
serão resolvidos se as coisas melhorarem 62
O orçamento paralelo 65
A necessidade de dirigir mais atenção para o futuro 73
2.3 A essência desandou e formou um orçamento sem
qualidade 76

Capítulo III: De volta para o futuro — é preciso recuar para
tomar o caminho certo e seguir em frente 81
1. Ajustes e reformas: o caso brasileiro à luz de experiências
internacionais 81
1.1 Racionalidade e trajetórias 85
1.2 Detonadores e catalisadores da reforma 86
1.3 Natureza e escala das reformas orçamentárias 87
1.4 Caminhos e abordagens comuns 88
1.5 Práticas divergentes 88
1.6 A política orçamentária e a atuação do Legislativo 89
2. A reforma necessária no Brasil: como recuperar a essência
do orçamento: o que vem sendo insistentemente
recomendado nos estudos desenvolvidos pelo Cefis 90
3. O traçado de um novo caminho para recuperar a essência
do orçamento 95
3.1 A novilíngua orçamentária: onde foi parar a
transparência? 96
3.2 A contribuição de uma *spending review* para um
debate sobre a revisão das prioridades públicas 98

Capítulo IV: O ajuste fiscal e as reformas essenciais
1. Ajuste e reformas: a ausência de rumo — 101
2. O ajuste fiscal e o processo orçamentário — 105
   2.1 Para que serve a lei de diretrizes orçamentárias? — 105
3. O ajuste e a reforma tributária — 107
4. O ajuste fiscal e a federação — 116

Capítulo V: Em busca do tempo perdido — caminhos para a reconstrução do orçamento — 123
1. A escolha do caminho — 123
   1.1 Um caminho diferente: encontrar o fio da meada para desembaraçar o novelo fiscal — 127
2. O tempo redescoberto: três proposições para o debate sobre um programa de correção dos desequilíbrios estruturais das contas públicas — 130
   Primeira: A revisão do artigo 195 da Constituição é essencial para a recomposição do equilíbrio no financiamento dos programas sociais — 130
   Segunda: É preciso recuperar o conceito original de Restos a Pagar para aumentar a eficácia das vinculações constitucionais — 137
   Terceira: Receitas extraordinárias não concorrem para a correção de desequilíbrios estruturais das contas públicas. É preciso abandonar o vício — 140
3. A crise institucional e o caminho para a reconstrução do orçamento — 142

Conclusão: Esperanças e desalento — é preciso puxar o fio da meada para desembaraçar o novelo fiscal — 145

Referências — 147

Apresentação

Em 2015, o Brasil amanheceu depois do carnaval sob o impacto de notícias bastante desfavoráveis com respeito a perspectivas para o cenário econômico externo neste e nos próximos anos, que agravam as já conhecidas dificuldades que o país enfrenta para recuperar o crescimento.

Se a ajuda não virá de fora, o que dizer do que é possível esperar aqui dentro? O sentimento que parece estar se disseminando em todos os setores da sociedade é de perplexidade. Está cada vez mais difícil vislumbrar qualquer sinal de esperança na capacidade de as lideranças políticas que controlam as instituições que governam o país tomarem as medidas necessárias para livrá-lo da crise em que ele afundou.

Afora a repetição do mantra em que se transformou a recomendação de que a solução para a crise depende da reforma da previdência, nenhuma preocupação com a formulação de uma estratégia coerente para lidar com os problemas estruturais, que acometem o orçamento, respondem pela péssima qualidade do regime tributário e explicam o agravamento dos desequilíbrios e dos conflitos federativos, está à vista. E mesmo a repetição de que a reforma da previdência é necessária vem acompanhada do velho bordão de que ela não pode afetar os direitos adquiridos.

E os demais direitos que nunca foram de fato adquiridos, embora estejam contemplados no texto constitucional? O direito de acesso a serviços de saúde de qualidade, de viver em um ambiente que não exponha os cidadãos a doenças antigas que já haviam sido extintas e a novas que são ainda mais perigosas, o direito de circular livremente sem despender muitas horas para ir e vir do trabalho e sem medo de ser assaltado, ou morto, no caminho?

Num ambiente em que um denso nevoeiro ofusca a visão, este livro põe o dedo na ferida. A porta de saída para a crise estaria na adequada compreensão da origem dos problemas que conduziram à formação de um novelo fiscal que ao longo do tempo ficou cada vez mais embaraçado. Toda vez que se busca puxar uma ponta aparente desse novelo, o resultado é criar ainda mais dificuldade para desembaraçá-lo. É preciso retornar aos momentos iniciais de formação desse novelo para que seja possível encontrar o fio da meada, que puxado com o devido cuidado é capaz de ir soltando as pontas que foram amarrando esse novelo.

A proposta apresentada no último capítulo deste livro sucede a descrição de uma sequência de equívocos e improvisos que marcaram a trajetória dos fracassos das tentativas adotadas em 2015 para promover o ajuste fiscal. Num enredo similar ao de uma ópera tragicômica, no qual as esperanças anunciadas na abertura vão se dissipando à medida que as cenas se sucedem e que os personagens não se entendem, o espetáculo termina marcado por um clima de ansiedade e de desalento.

A perplexidade que domina a plateia demanda que algo seja feito para renovar as esperanças, mas nos bastidores os dirigentes se empenham numa disputa para preservar suas posições e não parecem dispostos a tomar iniciativas para mudar o roteiro e compor a nova peça que deveria ser encenada em seguida. A busca do fio da meada seria um bom título para orientar a elaboração desse roteiro.

Carlos Ivan Simonsen Leal
Presidente da FGV

INTRODUÇÃO
Esperanças e frustrações

As esperanças de melhorias na condução da política fiscal, que se acenderam no final de 2014 com o anúncio da nova equipe econômica imediatamente após a reeleição, tiveram vida curta.

A anunciada intenção de que o governo iria envidar esforços para adotar medidas de contenção dos gastos e trabalhar para o alcance de uma meta para o superávit primário da ordem de 1,5% nas contas públicas animou os mercados e evitou que o povo atravessasse as festas do fim do ano de 2014 e o prolongado período de férias que se estende até o carnaval num clima de ansiedade com respeito ao futuro.

Passadas as férias e as festas, as notícias que surgiam na imprensa já indicavam que as coisas não seriam tão fáceis. Manifestações contrárias às medidas anunciadas pelo governo, da parte de representantes de partidos aliados ao governo e de lideranças sindicais contrárias a cortes nos benefícios previdenciários e assistenciais, já davam sinais concretos de que seria grande a resistência a cortes de gastos na dimensão requerida para o alcance das metas estabelecidas.

Ao mesmo tempo que isso ia ficando claro, a eclosão de movimentos de rua, que empunhavam bandeiras pró e contra o governo recém-reeleito, apontava para um embate político que foi se agravando ao longo do ano de 2015, embalado por uma sucessão de más notícias que surgiam à medida que as estações se sucediam, num movimento inverso ao seguido pela natureza. Um pouco mais quente no outono, a temperatura do clima político subiu expressivamente no inverno e mais ainda na primavera, alcançando índices alarmantes à medida que um novo verão se aproxima.

A repercussão do agravamento da crise política na economia é bem conhecida. A expectativa inicial de um resultado positivo para o PIB em

2015, ainda que pequeno, transformou-se em um índice negativo para o PIB superior à faixa dos 3,5%. De outra parte, pequenos esforços para conter o crescimento das despesas se mostraram irrelevantes, em face da queda na arrecadação que acompanhou o tombo na economia.

A sucessão de fatos negativos no quadro fiscal, que acompanhou a deterioração da situação econômica e o agravamento dos conflitos políticos, é o objeto do primeiro capítulo. À medida que ficava claro que eram nulas as chances de aprovar mudanças nas regras que geram o crescimento automático de despesas, o governo passou a jogar todas as fichas em um aumento de recursos que poderia ser proporcionado pela visita da velha senhora — a CPMF.

Mas a velha senhora não chegou a tempo e ainda não se sabe se chegará, embora se vier não deverá trazer boas notícias. A aguardada visita assenta-se na ilusão de que ela poderá aplacar a crise até que a retomada do crescimento da economia se encarregue de resolver os problemas fiscais do país. Apesar das inúmeras evidências em contrário, e de reiteradas advertências de que as raízes estruturais dos problemas demandam reformas institucionais para recuperar a essência de um orçamento de qualidade, essa ilusão ainda não acabou e a correção dos desequilíbrios fiscais continua aguardando que seja reconhecida a necessidade de uma profunda reforma do processo orçamentário. Esse é o tema do segundo capítulo.

O terceiro capítulo explora o tema da reforma do processo orçamentário de duas perspectivas complementares. Uma olha para fora, isto é, busca observar em que medida, de que maneira e com que resultados importantes experiências de reformas adotadas em distintos países, para lidar com crises fiscais, contribuíram não apenas para estancar a crise, mas também para avançar no rumo de uma consolidação fiscal. A outra se volta para dentro, visando extrair da visão externa e do conhecimento acumulado internamente o que precisa ser feito nesse campo no Brasil.

O assunto volta à baila no capítulo quarto, para explorar a relação entre a reforma do processo orçamentário e as demais reformas importantes a ela associadas. Como sói acontecer em muitos casos, e o Brasil tem dado muitos exemplos disso, limitações à aprovação de medidas que corrijam os desequilíbrios fiscais via corte de gastos acabam levando os governos a optar pelo aumento de impostos, transferindo o custo dos ajustes necessários para os contribuintes. Adicionalmente, medidas adotadas pelo governo central para lidar com seus problemas usualmente acarretam maiores dificuldades para governos regionais e locais. Quando isso é feito de forma improvisada como tem ocorrido, o resultado é piorar o regime tributário e aumentar os desequilíbrios federativos.

O quinto e último capítulo trata da escolha dos caminhos a serem seguidos em um processo de reforma que tenha por objetivo promover a reconstrução do orçamento. O caminho escolhido combina três medidas que adotadas simultaneamente teriam a condição de desencadear um processo de mudanças que, se for bem conduzido, criaria as condições necessárias para promover a consolidação fiscal, reformar o sistema tributário e fortalecer a federação. O segredo está em encontrar o fio da meada que pode desembaraçar o novelo fiscal e puxá-lo devagar, para não arrebentar, mas com firmeza para ir desatando os nós.

CAPÍTULO I

De fracasso em fracasso só restou o cansaço
(crônica de uma deterioração anunciada)

1. Epílogo: O que começou mal não tinha chance de dar certo

O ano de 2015 terminou sem oferecer qualquer esperança de melhoria em 2016. Com os sucessivos fracassos das tentativas de aprovar medidas que deveriam contribuir para a redução dos gastos, e também das que visavam aumentar a arrecadação, os resultados fiscais de 2016 ficarão muito piores do que as estimativas mais pessimistas que poderiam ser feitas nos primeiros meses do ano.

No relatório que divulgou os resultados das contas do governo federal referentes ao quinto bimestre de 2015 (Governo Federal, 2015), é possível ver a progressiva deterioração do cenário fiscal à medida que as páginas do calendário iam sendo arrancadas. No projeto de lei que fixava as diretrizes orçamentárias para 2015 (LDO), o governo anunciava a intenção de gerar um saldo positivo de 86 bilhões de reais, equivalente a 1,5% do PIB, número que caiu para 55 bilhões (1% do PIB) quando essa lei foi aprovada.

Mas a ilusão não foi abandonada. Ao avaliar a situação encontrada no final do segundo bimestre de 2015, o governo manteve os parâmetros adotados na LDO, a despeito de a piora do cenário econômico e a deterioração do ambiente político já indicarem que não seria possível contar com a aprovação das medidas que seriam necessárias para alcançar o resultado então anunciado.

Dois meses depois o governo foi forçado a reconhecer que seria impossível chegar perto dos números pretendidos. No relatório referente ao terceiro bimestre, o resultado fiscal ficou 10 vezes menor (5,8 bilhões de reais ou 0,1% do PIB). A esta altura, já estava claro para analistas independentes que mesmo esse número estava distante da realidade, e que as perspectivas eram de um resultado negativo maior do que o registrado em 2014, mas o governo manteve-se aferrado a esse número no relatório de avaliação das contas públicas relativo ao quarto bimestre do ano.

No relatório de avaliação referente ao quinto bimestre deste ano, a deterioração apontada pelos analistas já se fazia sentir. Um resultado negativo pouco menor de 52 bilhões de reais (-0,9 do PIB) forçou o governo a encaminhar projeto de lei para alterar a meta fiscal para o ano, visando evitar que as autoridades responsáveis fossem mais uma vez acusadas de descumprimento das regras e alvo de denúncias por cometerem crime de irresponsabilidade fiscal.

Importa notar que a mudança de atitude do governo não decorreu do reconhecimento de seus erros e do abandono da recusa em encarar a realidade. O que motivou essa mudança foi o desdobramento do processo de julgamento das contas do governo federal de 2014 pelo TCU que, ao cabo de uma longa tramitação, concluiu pela rejeição das contas do governo federal relativas àquele exercício.

À medida que ia ficando claro que o julgamento caminharia para um desfecho que o governo lutava para evitar, algumas providências para corrigir os excessos cometidos naquele ano iam sendo tomadas, com vistas a transmitir um sinal de que os novos responsáveis pela área econômica do governo repudiavam o que havia sido feito e buscavam perdão para os pecados cometidos no passado. O esforço foi louvável, mas a lei não contempla a hipótese do perdão. Só após a rejeição das contas haver sido aprovada pelo TCU é que o governo da presidente Dilma Rousseff correu atrás do prejuízo, tomando a iniciativa de encaminhar, em 27 de outubro de 2015, o projeto que ajustava as metas fiscais de 2015 à realidade que já era reconhecida pelo mercado.

No ofício que encaminhou a proposta de alteração das metas inicialmente previstas na LDO para 2015, os ministros da Fazenda e do Planejamento enfatizaram as sucessivas revisões das estimativas de queda do PIB e seus efeitos na arrecadação tributária, que, apesar dos esforços do governo para conter a expansão das despesas, não teria permitido evitar a deterioração do quadro fiscal.

Assim, para se precaver de novas ações movidas pelo TCU, a proposta enviada ao Congresso tratou de alterar a meta fiscal para 2015 de acordo com os números extraídos do relatório de avaliação das contas públicas relativo ao quinto bimestre daquele ano. No projeto aprovado em 2 de dezembro de 2015,[1] o Congresso manteve praticamente inalterada a proposta do Executivo, autorizando a União a apresentar um déficit primário de pouco menos de 52 bilhões de reais (-0,90 do PIB), ou mais de duas vezes maior (117 bilhões), caso fossem frustradas as expectativas de arrecadar cerca de 11 bilhões de reais com a renovação de concessões de usinas hidroelétricas e feitos pagamentos de até 57 bilhões de reais à conta das pedaladas fiscais de 2014.

Mais do que um indulto a um crime que não chegou a ser cometido, a solicitação enviada ao Congresso expressou a resistência do governo em reconhecer a gravidade da crise e a falta de vontade política para enfrentar resistências a mudanças necessárias para reduzir os gastos públicos, que há muito são necessárias.

Num ano de forte contração da atividade econômica (queda do PIB superior a 3%), o que mais contribuiu para segurar os gastos públicos foi a contenção dos investimentos, que respondeu por 95% da redução da despesa primária entre janeiro e outubro de 2015 na comparação com o mesmo período do ano anterior,[2] o que além de ressaltar a preferência por segurar o que não é considerado obrigatório, embora seja prioritário, contraria o bom senso num momento de recessão, criando maiores dificuldades para encontrar a saída para a crise.

Com a confirmação das previsões de uma nova queda da ordem de 3% do PIB em 2016, seria impossível evitar a adoção de duras medidas

---

[1] Lei nº 13.199, de 3 de dezembro de 2015.
[2] Para detalhes, consultar Almeida (s.d.1).

para reverter o desequilíbrio das contas fiscais já no início deste ano. Mas isso ainda não foi reconhecido pelo governo, que insistiu em anunciar o que não poderá ser cumprido, a despeito de a situação da economia apontar para novas quedas na receita e de estreitar-se o espaço para conter a expansão dos gastos sem adotar as reformas necessárias. A notícia divulgada pela imprensa[3] mencionando que a CMO pretendia zerar o resultado primário de 2016 indicava que pela primeira vez em muitos anos o Congresso propunha adotar uma postura mais realista do que o governo na fixação de metas fiscais.[4]

A recusa do governo em encarar a realidade foi mais uma vez explicitada na Lei nº 13.199/2015, que sancionou a alteração das metas fiscais para 2015, mantendo, todavia, a previsão de um superávit fiscal de 0,7% do PIB em 2016, que resultaria de um crescimento real de cerca de 7% na receita primária e de uma virtual estagnação da despesa primária (quadro 1).

Quadro 1
Resultado fiscal projetado: valores em R$ milhões, preços médios de 2015 – IGP-DI

Discriminação	2015	2016	2017
Receita Primária	1.256.789	1.348.238	1.401.356
Despesa Primária	1.308.614	1.316.024	1.337.207
Resultado Primário Governo Federal	-51.824	32.441	64.149

Fonte: Anexo à Lei nº 13.199/2015.

Numa guinada de última hora, o governo recuou da posição assumida e anunciou uma redução do superávit para 0,5% do PIB para evitar cortes no Bolsa Família. Ademais, ao permitir que investimentos do PAC e outras despesas de caráter emergencial, como o combate ao zika

---
[3] *O Estado de S. Paulo*, 2 dez. 2015.
[4] Para manter sua atitude, o governo conta com o vício que adquiriu de injetar 40 bilhões de receitas extraordinárias, desconsiderando a dificuldade de alcançar esse resultado numa economia em recessão.

vírus e o apoio a municípios afetados pelo desastre ambiental (Mariana), sejam deduzidas para fins de aferição do cumprimento dessa nova meta, na prática, as medidas anunciadas na edição de 16 de dezembro do jornal *O Estado de S. Paulo* zeram o resultado primário para 2016.

Mas qual é a perspectiva de que esse resultado seja atingido? De um lado, a medida anunciada é mais uma demonstração da falta de disposição para cortar despesas, o que repercutirá negativamente no desempenho da economia e no comportamento da arrecadação tributária. De outro, renova a crença na ilusão de que os desequilíbrios poderão ser corrigidos se a leniência fiscal ajudar a diminuir o impacto da recessão e assim evitar o agravamento da crise.

Qual é a razão para isso? O que leva o governo a manter uma atitude que lhe retira credibilidade?

Especulações a respeito das razões para tal comportamento poderiam apontar, por exemplo, para motivações publicitárias: transmitir uma mensagem de esperança para a parcela da população que compõe a maioria do seu eleitorado e que teve um papel decisivo na reeleição; forçar o apoio a aumento de impostos para evitar reformas necessárias que contrariam os interesses de grupos políticos que dão sustentação ao governo e que têm forte capacidade de mobilização para se opor a mudanças; ou uma resistência a rever posições cujo abandono pode significar o fim de um projeto político de manter o poder por tempo indeterminado.

Não convém buscar explicações para esse comportamento. O que cabe é explorar suas consequências. Qualquer que seja o desfecho da crise política e os desdobramentos do processo que trata do *impeachment* da presidente, o ano de 2016 será marcado por um aumento da dose de insatisfação popular com a situação. Ademais dos altos índices de desemprego que se mantém em curva ascendente, o grande número de desempregados, que até o final de 2015 ainda poderia estar sobrevivendo com a renda proporcionada pelo seguro-desemprego e o saque do FGTS, engrossará a lista daqueles que encontrarão dificuldades para satisfazer suas necessidades básicas e arcar com o peso da dívida acumulada no passado.

Diante dessa possibilidade, cabe especular a respeito de possíveis reações do governo a uma maior deterioração do cenário econômico e social. Nesse caso, seria possível imaginar uma mudança de atitude? Não dá para prever o que o governo fará, mas dá para antever o cenário que deverá surgir quando forem levantadas as cortinas que mostrarão o que será visto ao longo dos próximos atos, que se desenrolarão em 2016, de uma ópera trágica que ainda não sabemos quando vai terminar.

2. O caminho do desastre

2.1 Primeiro episódio: Muito barulho no início do ano para nada

A versão original da proposta de ajuste fiscal anunciada pela nova equipe econômica em novembro de 2014 reunia um conjunto de medidas, cuja rápida adoção permitiria alcançar a meta de 1,2% do PIB fixada para o superávit primário em 2015, mediante a combinação de corte de despesas e aumento de impostos, na qual a contenção dos gastos responderia por pouco mais de 40% do resultado esperado.

A despeito da intenção em trilhar um caminho que aparentava ser o de menor resistência para promover o ajuste fiscal mediante a contenção de despesas, o andamento das negociações a respeito mostrou que as dificuldades nessa área são grandes, tornando necessário recorrer ao velho recurso de propor aumento de impostos para tentar alcançar o resultado pretendido.

Nas idas e vindas das negociações que se sucederam desde o início de 2015, alguns pequenos avanços foram acompanhados por indesejáveis retrocessos. Naquele momento ainda era cedo para antecipar os desdobramentos desse processo, mas os sinais que já podiam ser captados não apontavam para caminhos promissores, com respeito ao objetivo de dar início a um processo de reformas que o Brasil necessita instaurar para recriar as condições necessárias a um novo ciclo de desenvolvimento.

De acordo com estimativas oficiais feitas naquele momento, a principal contribuição para a redução dos gastos viria da eliminação de "exageros" nas regras que regulam a concessão do seguro-desemprego, seguro-defeso, abono salarial e pensões. As mudanças nas regras que regem o crescimento dessas despesas significariam uma economia de R$ 18 bilhões por ano. Somadas a esse total as economias com o fim do subsídio ao setor elétrico e a redução no valor do Reintegra, a redução esperada de despesas seria da ordem de 26 bilhões de reais. Do lado das receitas, o complemento necessário para fechar a conta viria inicialmente do aumento da Cide e do PIS/Cofins sobre combustíveis, do IOF e do IPI, e, posteriormente, de aumento geral nas alíquotas do PIS/Cofins para compensar parte da perda do governo federal com a desoneração da folha de salários (quadro 2).

Quadro 2
Principais medidas de ajuste fiscal anunciadas pelo governo federal no início de 2015 — R$ bilhões

RECEITA	
Cide e PIS/Cofins	12
IPI	7
IOF	7,4
Reversão desoneração da Folha	12
TOTAL (1)	**38,4**
DESPESA	
Seguro-desemprego	9
Abono salarial	7
Pensões por morte	2
Redução subsídios ao setor elétrico	8
Redução do Reintegra	1,8
TOTAL (2)	**27,8**
(1) + (2)	**66,2**

Fonte: Ministério da Fazenda.

As medidas anunciadas pelo governo seriam ainda complementadas por cortes no investimento e contenção de despesas de custeio, pois como o déficit primário do setor público, em 2014, foi de R$ 32,5 bilhões (0,6% do PIB), o governo teria que fazer um esforço fiscal de perto de R$ 100 bilhões para cobrir o déficit primário do ano anterior e entregar uma economia de R$ 66 bilhões (1,2% do PIB) para financiar o resultado primário almejado para 2015.

A resistência capitaneada pelos movimentos sindicais a mudanças na previdência e na assistência social encontrou eco no Congresso, que já tinha marcado independência posicionando-se de forma contrária em votações de interesse do Executivo, como ficou demonstrado no episódio de eleição para a mesa diretora da Câmara dos Deputados e na nova postura assumida naquele momento pelo Senado Federal.

Numa situação de um aberto conflito entre os poderes, o Executivo perdeu a capacidade de controlar a situação. Para sinalizar um compromisso com a austeridade fiscal, o governo adotou uma providência inédita em janeiro de 2015, efetuando um "contingenciamento preventivo" de despesas de um orçamento que ainda não havia sido aprovado pelo Congresso, por meio do Decreto nº 8.389/2015. Simultaneamente, aumentou o controle sobre a execução dos Restos a Pagar, afetando principalmente os investimentos.

Mas os dados relativos à execução orçamentária dos primeiros cinco meses de 2015 já apontavam para o que iria de fato acontecer (tabela 1). O que se destaca, nos números reunidos nessa tabela, é um forte crescimento das despesas de custeio acompanhado de uma queda acentuada dos investimentos que, no entanto, não foi suficiente para evitar que o resultado primário do governo central nesse período fosse de apenas 0,28% do PIB (R$ 6,65 bilhões), o pior resultado em cinco meses dos últimos 25 anos. Para esse resultado também contribuiu uma queda real na receita líquida real do governo central de 3%, de janeiro a maio de 2015 ante o mesmo período do ano passado, que repercutiu a contração da atividade econômica no início daquele ano.

Tabela 1
**Superávit primário do governo central — jan./maio —
R$ milhões de maio de 2015**

	2014	2015	Diferença	%
Receita Total	558.932,09	539.508.66	-19.423.43	-3.5%
Transferências	105.203,46	99.280.61	-5.922.85	-5.6%
Rec. Líquida de Transferências (1)	453.728,62	440.228,04	-13.500,58	-3,0%
Despesa Total (2)	**432.364,56**	**433.289,48**	**924,92**	**0,2%**
Pessoal	93.848,02	92.492,51	-1.355,51	-1,4%
Custeio	300.120,14	316.668,51	16.548,37	5,5%
INSS	*161.398,13*	*169.122,17*	*7.724,04*	*4,8%*
Loas/RMV	*16.789,52*	*17.929,55*	*1.140,03*	*6,8%*
Seg. Desemprego e Abono Salarial	*16.889,45*	*18.404,45*	*1.515,00*	*9,0%*
Outros	105.043,04	111.212,34	6.169,30	5,9%
Investimento	38.396,40	24.128,46	-14.267,94	-37,2%
Primário (1) – (2)	**21.364,06**	**6.938,56**	**-14.425,50**	**-67,5%**

Fonte: Tesouro Nacional; elaboração de Mansueto Almeida.

Dada a disposição do governo em conter o crescimento das despesas, manifestada na adoção do contingenciamento preventivo mencionado, o que explica essa aparente contradição com os números da tabela? A resposta está no volume de recursos acumulados sob a forma de "Restos a Pagar" e na ocorrência de um fato inédito na dimensão registrada no período: um volume elevado de pagamento de despesas de exercícios anteriores ocorrido no mês de janeiro.[5]

---

[5] Esse fato teria sido influenciado pela necessidade de efetuar o pagamento de emendas parlamentares ao orçamento de 2014, em decorrência da aprovação da PEC que tornou

Na comparação com igual período de 2014, a participação dos RAPs na execução orçamentária do início de 2015 manteve o padrão dos últimos anos, refletindo o atraso na aprovação da lei orçamentária e a limitação de empenhos adotada pelo governo. A grande diferença entre os dois períodos, entretanto, foi a mudança no que foi executado. Tradicionalmente, a execução de RAPs de investimentos é maior no início do ano, o que não ocorreu em 2015, quando houve uma forte contenção desses gastos acompanhada de um aumento expressivo na execução de despesas de custeio.

Esse fato poderia ter duas possíveis leituras: uma positiva e outra negativa. A primeira indicaria que ante as dificuldades para conter a expansão do custeio de serviços sociais prioritários o governo teria optado por iniciar um processo de correção dos excessos do passado, mediante o enxugamento de RAPs obrigatórios e maior rigor na liberação de despesas do orçamento do exercício corrente para empenho. A contrapartida disso seria aplicar mão mais pesada para segurar os investimentos. A leitura negativa diria que o que estaríamos observando não era o resultado de uma estratégia de ajuste e sim a reação a um quadro que se mostrou mais grave do que imaginavam os novos condutores da política econômica. Nessa situação, e antecipando as dificuldades para aprovar as medidas que visavam a redução dos gastos, segurar os investimentos era a única saída possível para evitar o prematuro descrédito do compromisso com a austeridade fiscal.

Um fato que possivelmente reforça a segunda leitura é a evolução dos números relativos aos primeiros cinco meses de 2015. À medida que esqueletos foram sendo retirados do armário, com destaque para o início do pagamento de subsídios concedidos por bancos públicos, novas medidas para acalmar os mercados foram se tornando necessárias. O expressivo volume de pagamentos de despesas de exercícios anteriores em janeiro tinha acelerado a busca por novas armadilhas

---

obrigatória a execução dessas emendas até o limite de 1,2% da receita corrente líquida do exercício anterior.

a serem desarmadas (pagamento de subsídios ao BNDES e outros), e isso exigiu um maior rigor na contenção dos gastos, que também se tornou necessário em face da não materialização das estimativas de receita.

Do lado das receitas, o mau humor da economia derrubou a arrecadação da Cofins, IPI, IR e CSLL e de vários outros tributos, que repercutiram a queda no consumo interno decorrente da queda no poder de compra e do excesso de endividamento das famílias. Com o impacto adicional da forte redução em outras receitas (*royalties* e receitas extraordinárias), a receita bruta do governo central[6] caiu 3,5% em termos reais nos primeiros cinco meses de 2015, na comparação com igual período de 2014 (tabela 2).

Tabela 2
Receita bruta do governo central — jan./maio —
R$ milhões de maio de 2015

	2014	2015	Diferença	%
IR	147.565,39	146.443,22	-1.122,17	-0,8%
IPI	22.493,17	21.174,90	-1.318,27	-5,9%
IOF	12.794,53	14.015,83	1.221,30	9,5%
Imposto de Importação	17.014,76	16.620,77	-393,99	-2,3%
Cofins	87.190,67	84.384,08	-2.806,59	-3,2%
CSLL	33.697,97	31.736,92	-1.961,05	-5,8%
Rec. Previdência	140.894,46	141.138,29	243,83	0,2%
Outras	97.281,14	83.994,65	-13.286,49	-13,7%
TOTAL	558.932,09	539.508,66	-19.423,43	-3,5%

Fonte: Tesouro Nacional; elaboração de Mansueto Almeida.

---

[6] Em valores absolutos, a receita líquida perdeu cerca de 85 bilhões, dado que o governo federal fica com pouco mais da metade da arrecadação do IPI e do IR.

O contato direto com a realidade fez com que prevalecesse o pragmatismo na condução da política fiscal, à medida que foi ficando claro que as economias esperadas com a contenção das despesas seriam bem menores do que o previsto, em face das manifestações contrárias dos setores que seriam afetados e de figuras expressivas do Congresso. As atenções se voltaram, então, para a busca de novas formas de aumentar a arrecadação, pois o que era inicialmente previsto nessa área também não ocorreu.

Das medidas inicialmente adotadas para aumentar as receitas, apenas o IOF deu uma contribuição positiva de R$ 1,2 bilhão para o aumento da arrecadação até maio de 2015. O aumento esperado nos demais impostos e contribuições não aconteceu porque a queda da atividade econômica anulou o efeito do aumento de alíquotas do IPI. Do lado das despesas, nenhuma das medidas anunciadas foi aprovada a tempo de afetar significativamente o resultado observado no início daquele ano. Não por acaso, o resultado primário do governo central nos primeiros cinco meses de 2015 foi o pior dos últimos 25 anos.

O anúncio com estardalhaço do contingenciamento das despesas previstas no orçamento de 2015, dois meses apenas depois de ele ter sido aprovado, repercutiu fortemente nos meios de comunicação, mas não tinha qualquer condição de gerar efeitos práticos. Do total das despesas discricionárias que foram contingenciadas (tabela 3), a maior parte referia-se a despesas de investimento, cuja execução tem se concentrado nos Restos a Pagar acumulados nessa rubrica, que são maiores do que o contingenciamento do orçamento do exercício. Outra parte relevante compunha-se de despesas de custeio nas áreas de saúde, educação e assistência social, que a exemplo dos investimentos também acumulavam RAPs maiores do que o valor contingenciado.

Afora o fato apontado, a revisão das receitas não corrigiu a superestimativa, que embutia uma expectativa de crescimento da receita real de 6%, apesar da queda de 3% observada até maio de 2015.

Tabela 3
Resumo da programação orçamentária de 2015
R$ milhões

Discriminação	2015		
	LOA (a)	Avaliação (b)	Diferença (b) - (a)
Receita Total	1.447.827	1.371.702	-76.125
Transferências para E&M	224.429	213.434	-10.995
Rec. Líquida de Transferências	1.223.398	1.158.269	-65.129
Despesas Primárias	1.168.119	1.102.990	-65.129
Despesas Obrigatórias	855.780	860.596	4.816
Despesa Discricionárias	312.340	242.394	-69.946
Resultado Primário	55.279	55.279	0

Fonte: SOF/MP.

Naquela altura do ano, a contínua piora das estimativas de queda no PIB já deixava claro que possibilidades de serem observadas melhorias adiante seriam pequenas. Qualquer resultado expressivo do lado da contenção das despesas teria que recair sobre os investimentos, tendo em vista que os ganhos esperados com a contenção de gastos com benefícios previdenciários não seriam alcançados. Ademais, eram infundadas as esperanças de que seria possível efetuar uma forte contenção das despesas que usualmente são consideradas discricionárias no orçamento, visto que cerca de dois terços dessas despesas já não o são, pois referem-se ao custeio dos programas de saúde e educação que precisam ser empenhadas para cumprir a vinculação constitucional.

Conforme mostram os dados apresentados na tabela 4, as despesas de custeio em saúde e educação acusaram um forte crescimento no período 2007-14, e esse fato cria uma séria limitação à tentativa de apoiar o ajuste fiscal no corte de despesas de custeio, das quais dois terços já não são de fato discricionários.

Tabela 4
Despesas de custeio — R$ milhões correntes

	CUSTEIO — sem Educação e Saúde (a)	CUSTEIO SAÚDE E EDUCAÇÃO — (b)	CUSTEIO — (a) + (b)
2007	32.107,03	47.401,91	79.508,94
2008	30.757,00	53.176,08	83.933,08
2009	36.055,95	61.254,78	97.310,73
2010	40.704,29	73.863,69	114.567,98
2011	38.589,39	84.256,74	122.846,13
2012	41.716,22	97.490,65	139.206,87
2013	55.555,10	107.603,07	163.158,17
2014	62.753,10	122.082,40	184.835,50

Fontes: Tesouro Nacional e Siafi; elaboração de Mansueto Almeida.

Mesmo supondo que as despesas de custeio da saúde e da educação, bem como do custeio administrativo, ficassem no nível de 2014, e que os investimentos sofressem uma forte contenção, uma projeção feita naquele momento para o final de 2015 já apontava para um crescimento de quase 40 bilhões na despesa primária do governo central. O efeito combinado de uma economia que seguia encolhendo com medidas que agravavam as dificuldades do setor produtivo não prenunciava qualquer sucesso nas tentativas de melhorar o resultado fiscal.

Tabela 5
Projeção da despesa primária do governo central 2015 — R$ milhões

	2014	2015	CRESC.
PESSOAL	219.834,1	235.583,8	15.749,7
INSS	394.201,2	437.472,3	43.271,1
SUBSÍDIOS	53.928,4	53.874,6	-53,8
CUSTEIO ADMINISTRATIVO	58.637,1	58.637,1	0,0
CUSTEIO SAÚDE E EDUC.	122.082,4	122.082,4	0,0
GASTOS SOCIAIS	122.551,0	124.946,6	2.395,6
INVEST. sem MCMV	59.875,7	36.875,7	-23.000,0
TOTAL	1.031.109,9	1.069.472,5	38.362,6

Fonte: Tesouro Nacional; elaboração de Mansueto Almeida.

Tabela 6
Projeção da despesa primária do governo central 2015 — % do PIB

	2014	2015	CRESC.
PESSOAL	4,0%	4,0%	0,00%
INSS	7,1%	7,5%	0,40%
SUBSÍDIOS	1,0%	0,9%	-0,10%
CUSTEIO ADMINISTRATIVO	1,1%	1,0%	-0,10%
CUSTEIO SAÚDE E EDUC.	2,2%	2,1%	-0,10%
GASTOS SOCIAIS	2,2%	2,1%	-0,10%
INVEST. sem MCMV	1,1%	0,6%	-0,50%
TOTAL	18,7%	18,2%	-0,50%

Custeio gastos sociais = Loas, despesas do FAT e Bolsa Família.
Obs.: Desoneração da Folha Salarial e MCMV estão na rubrica subsídios.
Fonte: Tesouro Nacional; elaboração de Mansueto Almeida.

É importante chamar atenção para a diferença entre os números apresentados nas tabelas 5 e 6 e a revisão das estimativas de despesa contidas no decreto de contingenciamento (tabela 3). Eles apontam para a distância entre intenções e realidade. Ao adotar uma reestimativa excessivamente otimista para as receitas — um crescimento real de 5% num ano em que as previsões de crescimento só pioravam —, a programação orçamentária divulgada no final de maio de 2015 teve a intenção de reafirmar que a meta fiscal anunciada tinha condições de ser cumprida.[7]

Mas não demorou muito para que a realidade se impusesse. Ainda que fosse possível exercer o rigor na contenção dos gastos exibido nas projeções anteriores (tabelas 5 e 6), isso só seria suficiente para zerar a

---

[7] É preciso ter em conta que os números contidos no decreto de programação financeira estabeleceram limites para o valor da despesa que poderia ser empenhada e não daquela que teria que ser efetivamente realizada. A despesa efetiva resulta da soma de pagamentos dos Restos a Pagar do passado com o pagamento das autorizações contidas no orçamento do exercício financeiro vigente. Limites mais altos para o empenho dão ao Executivo maior liberdade para controlar o que vai ser gasto do orçamento aprovado e o que será liberado de despesas de exercícios anteriores.

conta. Ou seja, um rígido controle dos gastos apenas anularia o déficit de 2014.[8] Qualquer resultado positivo ficaria na dependência do crescimento da arrecadação, do qual não se deveria esperar nada num cenário de forte retração dos negócios.[9]

Naquele momento já era possível afirmar, portanto, que o caminho que vinha sendo seguido não evitaria que o resultado fiscal de 2015 fosse pior do que o exibido em 2014. Como a reforma do processo orçamentário continuou relegada ao esquecimento, as medidas adotadas para conter a expansão dos gastos, além de insuficientes para corrigir os desequilíbrios, agravam as deficiências da infraestrutura econômica e preservam um ambiente hostil à melhoria da qualidade na provisão dos serviços públicos.

O desenrolar desse episódio realça a falta de uma estratégia de ajuste fiscal de médio prazo que tenha em mira a correção dos desequilíbrios estruturais das contas públicas, que foram se acumulando em razão da destruição do orçamento. Ele termina sem haver sido reconhecida a necessidade de atribuir um papel central à reforma do processo orçamentário para o alcance do equilíbrio fiscal e para o avanço das demais reformas essenciais ao desenvolvimento nacional.

2.2 Segundo episódio: A resistência em redefinir a rota foi contribuindo para o agravamento dos problemas

A despeito da intenção em trilhar um caminho que aparentava ser o de menor resistência, para promover o ajuste fiscal mediante a contenção de despesas, o andamento das negociações a respeito mostrou que as dificuldades nessa área são grandes, levando o governo a apostar no ve-

---

[8] A queda de 0,3% na relação entre a despesa primária e o PIB seria equivalente ao déficit registrado em 2014.
[9] Para detalhes, consultar Almeida (s.d.1).

lho recurso ao aumento de impostos para tentar alcançar o resultado pretendido.

A descoberta de esqueletos cuidadosamente escondidos parece ter surpreendido as autoridades responsáveis pelo controle da execução da despesa, que se viram na contingência de enterrá-los para evitar que eles se tornassem mais um fator que pesasse negativamente no julgamento pelo TCU das contas relativas a 2014. Essa operação contribuiu para o déficit registrado no final do primeiro semestre, apesar da forte contenção dos investimentos e em face da queda na receita.

Na outra ponta, o acirramento dos conflitos políticos criou sérias limitações à tramitação das medidas encaminhadas pelo governo ao Congresso, que não apenas rejeitou medidas que visavam conter o crescimento das despesas como aprovou outras que geram efeito contrário. Apenas uma das medidas de maior importância para o ajuste fiscal foi aprovada — e, mesmo assim, no final de agosto e com modificações que reduzem o impacto esperado pelo governo.

A revisão das metas fiscais era inevitável, mas o governo ainda se recusava a reconhecer o óbvio. O risco de descumprimento já não se resumia a 2015, que ademais já não parecia ser a principal fonte de preocupação naquele momento, e sim com o que iria ocorrer em 2016, quando mais um ano de recessão na economia continuará demandando redução dos gastos para compensar o fraco desempenho da arrecadação.

Com a queda na receita, a situação continuou piorando. A necessidade de direcionar recursos para a cobertura de despesas não reconhecidas em 2014, com destaque para os subsídios ao BNDES e a regularização das irregularidades cometidas no ano passado, num contexto em que a deterioração das expectativas econômicas continuou afetando negativamente a arrecadação tributária, fez com que ao final do primeiro semestre o saldo das contas do Tesouro ficasse deficitário (tabela 7), pondo a nu a gravidade do problema e forçando o governo a mudar de estratégia para tentar evitar a deterioração das expectativas e o rebaixamento da nota de risco de crédito das principais agências internacionais.

Tabela 7

Receita *versus* despesa do governo central — primeiro semestre de 2013, 2014 e 2015 — R$ milhões de junho de 2015

	2013	2014	2015
1. Receita Total	657.577,12	664.924,03	641.911,83
2. Transferências para E&M	114.934,69	122.171,77	117.068,31
3. Rec. Líquida de Transferências (1 - 2)	542.642,43	542.752,26	524.843,52
4. Despesas Primárias	501.920,20	523.321,99	526.074,79
5. Resultado Primário Gov. Central (3 - 4)	40.722,23	19.430,27	(1.231,27)

Fonte: Tesouro Nacional; elaboração de Mansueto Almeida.

Com a queda da popularidade da presidente e a perda de apoio da população ao principal partido que a elegeu, o conflito com o Congresso ganhou tintas mais fortes, que levaram a uma sucessão de derrotas do Executivo na votação de matérias que sinalizavam o contrário do que precisaria ser feito para transmitir à sociedade um compromisso com a preservação da responsabilidade fiscal.

Da lista em questão, faziam parte mudanças nas regras de concessão de aposentadorias e extensão do reajuste integral pelo salário mínimo a todos os aposentados e pensionistas do INSS; concessão de generosos aumentos de salários a integrantes do Poder Judiciário; aumento na remuneração das carreiras do Poder Judiciário com repercussão em outras carreiras do setor público; e proposta de emenda constitucional aprovada no Senado Federal, conhecida como a PEC do pacto federativo, que proíbe a criação pelo governo federal de programas que gerem despesas para estados e municípios sem indicar as respectivas fontes de recursos. Embora algumas dessas questões ainda estivessem sendo questionadas naquele momento, sua aprovação pelo Legislativo denotava o enfraquecimento do Executivo e a dificuldade que este enfrentava para manter o controle da situação fiscal.

O embate com o TCU continuou pressionando as autoridades fiscais a tomar providências para apagar os pecados do passado. No final de julho de 2015, o encerramento da contabilidade continuou mostrando que seria necessária uma nova revisão das metas fiscais por ocasião da elaboração do relatório bimensal que traria o resultado das contas públicas no final de agosto.

À medida que as previsões de receita iam sendo continuadamente revisadas para baixo, refletindo a deterioração das estimativas para o comportamento do PB, o espaço para manter algum controle, ainda que muito pequeno, sobre o crescimento das despesas ia encolhendo ainda mais, visto que as despesas que estão protegidas pela Constituição e por leis infraconstitucionais continuavam se expandindo.

Como mostram os números reunidos na tabela 8, o crescimento da despesa primária no primeiro semestre só não foi maior devido à forte queda nos investimentos e a uma pequena ajuda dada pela inflação no caso das despesas de pessoal. Porém, antes de concluir que o crescimento das despesas de custeio decorreu do descontrole dos gastos com a manutenção da estrutura administrativa do governo, é preciso ter em conta que ele resulta da disposição de eliminar os vestígios dos pecados cometidos no passado, pois todo o crescimento desse item deveu-se à realização de pagamentos para apagar os rastros deixados pelas pedaladas fiscais.

Do acréscimo de cerca de 13 bilhões de outros custeios, quase 9 bilhões decorreram do pagamento de subsídios ao crédito, inclusive a complementação ao FGTS. Dada a necessidade de compensar o efeito da desoneração da folha de salários, as demais despesas de custeio tiveram de ser reduzidas em cerca de 3 bilhões de reais (tabela 9).

Tabela 8
Despesas do governo central — R$ milhões de junho de 2015

	1º sem. 2014	1º sem. 2015	Cresc.	%
1. Pessoal	113.191,40	111.681,20	-1.510,20	-1,3%
2. Custeio	365.498,60	385.908,90	20.410,30	5,6%
INSS	*196.851,50*	*204.324,70*	*7.473,20*	*3,8%*
Outros	*168.647,10*	*181.584,20*	*12.937,10*	*7,7%*
3. Investimento	44.632,00	28.484,70	-16.147,30	-36,2%
TOTAL	**523.322,00**	**526.074,80**	**2.752,80**	**0,5%**

Fonte: Tesouro Nacional; elaboração de Mansueto Almeida.

A demora na aprovação pelo Congresso da proposta enviada pelo Executivo para compensar as perdas de receita com a desoneração da folha de salários, mediante aumento das alíquotas da Cofins incidentes sobre as receitas das empresas, foi outro fator que compôs o quadro de dificuldades que vinha assombrando os responsáveis pela administração das contas do governo federal.

Com a reversão do cenário vivenciado pelo mercado de trabalho, o problema apontado foi se agravando, em razão do crescimento dos benefícios previdenciários e da queda na receita das contribuições à seguridade social, em prejuízo, principalmente, das necessidades de financiamento da saúde. A aprovação da lei que atendeu, com modificações, à demanda do governo por recompor a receita perdida com desoneração dos salários não ocorreu a tempo de aliviar as dificuldades de 2015 e não será suficiente para evitar a ocorrência de um novo déficit em 2016, num contexto de continuidade do crescimento das despesas do INSS e do efeito da recessão nas receitas das contribuições para a seguridade social.

Tabela 9
Despesas do governo central de custeio (sem INSS) – R$ milhões de junho de 2015

	1º sem. 2014	1º sem. 2015	Cresc.	%
1. Programas de transferência de renda	57.744,91	59.280,94	1.536,03	2,7%
Seguro-desemprego e abono	21.013,75	22.154,84	1.141,10	5,4%
Loas/RMV	20.788,61	21.663,94	875,33	4,2%
Bolsa Família	15.942,55	15.462,15	-480,40	-3%
2. Custeio de saúde e educação	65.990,18	67.022,22	1.032,04	1,6%
Saúde	44.172,71	44.433,75	261,05	0,6%
Educação	21.817,47	22.588,47	771,00	3,5%
3. Outras despesas de custeio	44.912,02	55.281,04	10.369,03	23,1%
CUSTEIO (1+2+3)	**168.647,10**	**181.584,20**	**12.937,10**	**7,7%**

Fontes: Tesouro Nacional e Siafi; elaboração de Mansueto Almeida.

Para acalmar os mercados, restava ao governo pesar ainda mais a mão na contenção dos investimentos e em outros itens em que poderia adiar a execução das despesas. Não dá para falar em cortes, pois não há espaço para isso, dado o volume de Restos a Pagar acumulados que não podem ser cancelados.

No tocante a investimentos, a situação era a seguinte. Entre janeiro e junho de 2015, o pagamento de despesas de investimento caiu cerca de um terço na comparação com o ocorrido em igual período de 2014, queda essa que na sua maioria deveu-se à não execução dos RAPs acumulados nessa rubrica. Como a execução de investimentos do orçamento deste exercício também foi muito baixa, a queda na execução dos investimentos públicos ajudou a reduzir o déficit, mas repercutiu negativamente no desempenho da economia (tabela 10).

Tabela 10
Investimento do governo federal (OGU) —
R$ mil correntes — janeiro a junho

	Orç. do ano	RAP	TOTAL
2014	7.691.441,1	32.670.997,2	40.362.438,3
2015	4.376.713,3	23.420.073,2	27.796.786,5

	Orç. do ano	RAP	TOTAL
2014	19%	81%	100%
2015	16%	84%	100%

Fontes: Tesouro e Siafi; elaboração de Mansueto Almeida.

A (in)esperada meia volta na proposta de ajuste fiscal

Após se recusar a admitir a conhecida divergência interna sobre o tamanho da meta para o superávit primário de 2015 e para os anos seguintes, capitaneada pelos dois principais responsáveis pela condução da política econômica, o governo da presidente Dilma Rousseff jogou a toalha e anunciou, na quarta-feira, dia 22 de julho de 2015, que abandonava qualquer esperança de obter um resultado positivo naquele ano.

Talvez para não reconhecer oficialmente o que todos já sabiam, a decisão adotada foi mais radical. Ao invés de reduzir a meta a algo próximo da metade, conforme as notícias que corriam na mídia, a nova meta para 2015 foi reduzida para um saldo positivo de apenas R$ 8,5 bilhões, ou 0,15% do PIB, que poderia transformar-se num resultado negativo no caso de serem frustradas as expectativas de obter R$ 26,5 bilhões de receitas extraordinárias.

Menos pela inversão de rota e mais pelo reconhecimento oficial da incapacidade de o governo pôr em prática um real programa de correção dos desequilíbrios das contas públicas, o mercado reagiu com a força de sempre, com quedas na bolsa e desvalorização do real, num contexto de novas previsões negativas para o desempenho da economia em 2015 e em 2016.

Ao anunciar as novas metas fiscais para o período 2015-18, o governo tentou transmitir uma mensagem de que se dobrava à realidade dos fatos e passava a adotar uma posição realista. Mas não foi isso o que se viu. O recurso a receitas extraordinárias para cumprir metas fiscais tem sido uma prática recorrente nos últimos anos, que se expandiu a partir de 2010, conforme apontado por Rezende e Almeida (2015), e é apenas mais uma prova da incapacidade de o país enfrentar a difícil tarefa de empreender um verdadeiro esforço para corrigir os desequilíbrios estruturais das contas públicas.

A continuidade dessa prática ajuda a vender a ilusão de que os problemas são passageiros e que a melhoria do cenário econômico será capaz, por si só, de dissipar a crise.

A principal evidência do que foi anteriormente destacado veio com os novos números divulgados naquele momento para os três anos subsequentes. As metas para o superávit primário cairiam para 0,7% e 1,3% do PIB, respectivamente, ficando mantida a meta de um superávit de 2% do PIB em 2018. Nesse cenário, estava implícita uma trajetória para o comportamento da dívida pública que não condizia com os níveis então vigentes para a taxa de juros e com as limitações que a deterioração das expectativas inflacionárias impunham à ação do Banco Central. Nas projeções oficiais, a relação dívida/PIB subiria para 66,4% do PIB em 2016, voltando a cair no ano seguinte para o patamar de 65%, quando as expectativas do mercado apontavam para a possibilidade de ela superar a barreira de 70% e para a perda do grau de investimento.

É interessante notar que o anúncio das novas metas veio num momento em que crescia a ansiedade com respeito a uma possível rejeição pelo TCU das contas do governo federal de 2014, por conta do não cumprimento das medidas previstas na Lei de Responsabilidade Fiscal.

No parecer que encaminhou à apreciação dessa Corte, o procurador Júlio Marcelo de Oliveira chamou atenção para um aspecto que não ganhou o espaço concedido pela mídia às chamadas "pedaladas fiscais". Ele enfatizou o desrespeito a uma das normas mais importantes da LRF: a que determina que a verificação do cumprimento das metas fiscais seja feita a cada bimestre e não apenas no final do exercício, de modo a propiciar a adoção de medidas corretivas quando houver risco de elas não poderem ser cumpridas. A omissão intencional, a que ele se refere no seu parecer, materializou-se no fato de que o problema só veio a ser oficialmente reconhecido no relatório do quinto bimestre de 2014, quando ocorreram o reconhecimento formal do desajuste e o posterior encaminhamento do projeto de lei para alterar a meta fiscal para esse mesmo ano.

Ao tomar providências tardias para rever as metas fiscais para 2015, o governo estaria procurando se antecipar a uma mais do que provável repetição dessa mesma denúncia por ocasião do julgamento das contas desse exercício, ao mesmo tempo que buscava novos argumentos para reforçar sua defesa junto ao TCU e, caso isso não tivesse sucesso, no Congresso.

2.3 Terceiro episódio: O que se podia esperar das novas medidas anunciadas no início do segundo semestre de 2015

De onde não se espera nada é de onde não virá nada mesmo

A expectativa de que os problemas fiscais de 2015 pudessem ser amenizados pelo influxo de receitas extraordinárias e demais medidas anunciadas naquele momento tinha pouca chance de se concretizar, pois a maior parte dependia de aprovação tempestiva por parte do Congresso, cuja disposição de ajudar o governo só vinha piorando com o agravamento da crise política. E a outra parte dependia dos humores dos investidores privados com respeito à disposição para aderir ao programa de concessões num ambiente econômico que permanecia em franca deterioração.

Do total de R$ 26,5 bilhões de receitas extraordinárias que o governo contava para atingir a nova meta fiscal, R$ 11,5 bilhões viriam do repatriamento de recursos mantidos lá fora, R$ 10 bilhões da negociação em torno de valores que estavam sendo questionados no Carf, e R$ 5 bilhões das novas concessões. No tocante a concessões, a tímida reação de possíveis interessados na época em que o pacote foi anunciado e a deterioração das expectativas econômicas ao longo do ano não auguravam boas perspectivas a esse respeito, num contexto em que o BNDES já não tinha condições de bancar os investimentos com a oferta de créditos a juros subsidiados.

As duas outras medidas anunciadas tratavam de questões de natureza distinta. A que oferecia vantagens para o pagamento de tributos que foram contestados no âmbito do Carf propunha a adoção de uma regra similar ao modelo aplicado a programas de renegociação de dívidas tributárias adotado nos últimos anos e conhecidos sob a sigla Refis, com a diferença, entretanto, de que o débito nesse caso ainda não teria sido reconhecido.

A diferença apontada não é irrelevante, pois ela implica encerrar processos que tramitam na instância administrativa em troca do pagamento de parte do imposto que foi lançado pelo auditor fiscal e contestado pelo contribuinte. Uma prática perigosa para ambos, Estado e contribuinte, pois pode incentivar ações que contrariam o bom relacionamento nessa área ao estimular a exploração de espaços nebulosos nos complexos meandros da legislação tributária brasileira para a disposição de correr riscos, de um lado, e a multiplicação de lançamentos, de outro, ampliando o contencioso administrativo e levando a novas negociações do tipo. O exemplo das sucessivas edições do Refis, que estimulam empresas em dificuldades de caixa a optar pelo não pagamento de tributos para renegociar a dívida posteriormente a taxas de juros mais favoráveis do que as de mercado, é ilustrativo do ponto aqui enfatizado.

O repatriamento de dinheiro mantido no exterior, em troca da obtenção de condições favoráveis para o pagamento de tributos e respectivas multas, é diferente da medida anterior. Afora questionamentos de ordem moral que possam ser levantados e dos aspectos políticos envolvidos na sua aprovação, as questões a serem observadas a esse respeito referem-se ao destino dos recursos, visto que, segundo a Constituição, da parcela que provier do IRPJ (inclusive as multas), pouco menos da metade teria de ser entregue a estados, municípios e fundos regionais.

Com o desenrolar da crise política, nenhuma das duas medidas abordadas nos parágrafos anteriores veio a tempo de ajudar o governo a evitar o fracasso das novas metas fiscais e as consequências disso para a economia. Com apenas 30 dias transcorridos após o encerramento dos resultados do primeiro semestre de 2015, os números continuaram transmitindo más notícias. Em relação ao mesmo mês do ano anterior, a receita de julho de 2015 apresentou uma queda de R$ 4,5 bilhões, a sétima seguida nos primeiros sete meses daquele ano.

Associado à queda nas receitas, o forte crescimento das despesas em julho de 2015 excedeu o tradicional aumento de despesas de pessoal que ocorre todos os anos nesse mês por conta do adiantamento do 13º salário e do adicional de férias do funcionalismo, pois incluiu o pagamento de subsídios para apagar os vestígios das pedaladas de 2014. Em decorrência, as despesas continuaram crescendo e contribuindo para um novo aumento no déficit (tabela 11).

Tabela 11
Despesas de custeio não sociais – 2013, 2014 e 2015 – jan. a jul. governo central – R$ milhões de julho de 2015

	2013	2014	2015
1. Subsídios*	8.517,63	12.021,54	20.078,29
BNDES/PSI	103,30	109,15	7.475,47
Fundos Regionais	3.124,22	2.909,11	3.653,89
Auxílio à CDE	604,41	5.874,18	1.319,01
Outros (Pronaf, Rural etc.)	4.685,70	3.129,09	7.629,93
2. Complementação do FGTS (LC nº 110/2001)	-	329,14	3.485,84
3. Compensação ao RGPS	5.053,91	10.814,35	15.772,55
4. Custeio Administrativo	35.655,20	30.035,39	30.881,55
TOTAL	49.226,74	53.200,41	70.218,23

* Inclui auxílio à CDE; subsídios ao setor elétrico.
Despesas de custeio não sociais = despesas de custeio sem INSS, sem Bolsa Família, sem saúde, sem educação, sem Loas/BPC e sem FAT (seguro desemprego e abono salarial).
Fontes: Tesouro Nacional e Siafi.

A crise política e suas implicações

Naquele momento já era possível apostar que no mês de agosto, que nunca trouxe boas lembranças no calendário político brasileiro, o governo teria que enfrentar uma dura opção. Continuar insistindo em anunciar resultados que não poderia entregar, num esforço inútil de evitar o reconhecimento de que não há alternativa a um ajuste fiscal que encampe uma séria discussão sobre a reforma do processo orçamentário. Ou dobrar-se à realidade e anunciar uma nova revisão das metas para 2015 e anos subsequentes na quarta revisão bimestral da situação financeira das contas públicas, para evitar que se repetisse o que ocorreu em 2014.

Com a expectativa de desfecho iminente para algumas questões que estavam pendentes, com destaque para o cada vez mais certo rebaixamento da nota de crédito do Brasil e a rejeição pelo TCU das contas do governo federal relativas ao exercício de 2014, a reação negativa dos mercados financeiros já sinalizava maior pressão sobre o Banco Central para tentar acalmar a situação num contexto em que a credibilidade da política fiscal já havia sido perdida, com consequências não favoráveis para o comportamento da economia.

A única certeza que havia naquele momento era a de que o ano de 2015 terminaria, como veio a acontecer, muito pior do que começou. A adesão a uma proposta que pretendia corrigir os desequilíbrios fiscais com ajustes pontuais mostrou-se, como já foi enfatizado várias vezes nos trabalhos realizados no âmbito do Cefis, incapaz de chegar perto do que pretendia. Ao optar por uma rota aparentemente mais fácil, o governo destruiu em menos de um ano o estoque de credibilidade que havia adquirido com a guinada de posição adotada no final de 2014, com respeito à condução da política fiscal. Escaldadas pelas dificuldades de obter aprovação para medidas que trariam redução de despesas e de evitar que medidas na direção contrária fossem aprovadas, as autoridades governamentais passaram a depositar suas fichas na possibilidade de obter apoios para a velha solução de aumentar os impostos.

A tardia aprovação da lei que busca compensar os efeitos da desoneração da folha de salários por aumento da alíquota da Cofins dará um alívio ao caixa do Tesouro em 2016, mas com as modificações introduzidas na proposta original pelo Congresso o efeito será menor do que o esperado, reforçando o empenho do governo em adotar novas medidas para transferir o ônus do ajuste para o contribuinte.[10]

Na pauta das medidas em gestação no campo tributário está a proposta de modificar a sistemática de cobrança do PIS/Cofins. Em tese, a proposta de reforma dessas contribuições busca atender a uma antiga reivindicação do setor produtivo por eliminação da cumulatividade desses dois tributos, na linha das tradicionais recomendações que buscam a eficiência econômica da tributação. Para tanto, a proposta trata de adotar a regra aplicada a impostos modernos sobre o valor agregado, mediante a qual tudo o que foi cobrado nas etapas anteriores das cadeias produtivas gere crédito a ser inteiramente utilizado para abater os débitos tributários apurados nas etapas subsequentes, de forma a eliminar a cumulatividade tributária.[11]

Durante várias reuniões organizadas pelas entidades representativas do empresariado para discutir a proposta em tela, as manifestações de apoio não escondem a preocupação com a repetição do que ocorreu nas primeiras mudanças introduzidas nessas contribuições em 2002 e 2003 com o mesmo objetivo de reduzir a cumulatividade, quando ocorreu um aumento expressivo da carga tributária. E o motivo para essa preocupação é o fato de que, com o aumento dos créditos a serem aproveitados, as alíquotas dessas contribuições terão que ser aumentadas. Em tese, é possível simular o tamanho da nova alíquota que deverá gerar a mesma receita no novo regime, mas é impossível evitar que alguns setores sofram um aumento expressivo de carga tributária, além de ninguém descartar a possibilidade de repetir-se o que ocorreu anteriormente.

---

[10] As estimativas da época apontavam para ganhos de cerca de R$ 10 bilhões em 2016.
[11] O que consiste na adoção do regime de crédito financeiro, no jargão tributário.

2.4 A visita da velha senhora[12]

À medida que ficava claro que eram nulas as chances de aprovar mudanças nas regras que geram o crescimento de despesas, o governo passou a jogar todas as fichas em um aumento de recursos que poderia ser proporcionado pela visita da velha senhora — a CPMF.

A velha senhora não chegou a tempo e ainda não se sabe se chegará, e se vier não deverá trazer boas notícias. A aguardada visita assenta-se na ilusão de que ela poderá aplacar a crise até que a retomada do crescimento da economia se encarregue de resolver os problemas fiscais do país.

Mas o convite tem sido renovado e espera-se, agora, que ela chegue em 2016, apesar da enorme resistência ao seu retorno, embora o governo acredite que essa resistência será mais fácil de superar porque, ao fim e ao cabo, ele também resiste em mudar o roteiro que traçou e insiste em argumentar que os encantos da velha senhora serão suficientes para acalmar a insatisfação do povo e evitar as mudanças que não gostaria de fazer.

A velha senhora apareceu pela primeira vez em 1994, no auge de uma crise de financiamento da saúde, quando sua visita foi anunciada como um fato importante para resolver um problema criado pelo encolhimento do espaço destinado à saúde no condomínio da seguridade social, em decorrência da expansão dos benefícios previdenciários e assistenciais. Embora os benefícios para a saúde não tenham perdurado, ela rapidamente se mostrou extremamente útil para atender a outros

---

[12] Na peça teatral que tem esse título, de autoria de Friedrich Dürrenmatt, encenada no Brasil em 1964, uma cidade empobrecida aguarda a visita de uma velha e rica senhora que dali foi injustamente expulsa quando jovem, na expectativa de que o dinheiro que ela traria poderia salvar a cidade da ruína, ignorando que ela voltava munida da intenção de vingar-se dos fatos ocorridos no passado, oferecendo o dinheiro que a cidade deseja em troca da morte do responsável pela injustiça sofrida no passado. Se vier, a velha senhora trará mais dinheiro, mas sua vingança será contribuir para adiar as medidas requeridas para promover a consolidação fiscal, com prejuízo para a reativação do modelo de crescimento econômico com inclusão social.

interesses, e só após muita luta dos que tiveram que pagar a conta de sua longa estadia é que foi embora.

Desta vez, o anúncio do seu retorno foi objeto de sérias críticas e de uma ampla manifestação de repúdio ao seu retorno. Mas o convite permanece e amplia-se a lista dos que poderiam beneficiar-se dessa nova visita para romper a resistência dos que se opõem a ela.

Na exposição de motivos que encabeça a proposta de emenda constitucional que trata da reintrodução da CPMF,[13] o governo destacou sua contribuição para a redução do déficit da previdência social, que deverá alcançar a extraordinária cifra de R$ 117 bilhões em 2016, em decorrência do impacto de um aumento de cerca de 10% no salário mínimo nas despesas do RGPS. Em razão disso, as despesas subiriam para R$ 489 bilhões enquanto as receitas ficariam na casa dos R$ 372 bilhões, resultando no déficit apontado.

Importa notar que, à diferença do que ocorreu quando da adoção desse tributo em 1996, quando ela visava atenuar a crise de financiamento da saúde, a proposta agora é que ela é essencial para evitar o aumento do déficit da previdência, ignorando que desde então os problemas de financiamento da saúde só aumentaram. Ademais, ao direcionar a receita a ser obtida com a reintrodução desse tributo para a previdência social, a proposta do governo indica a não disposição para rever as regras que contribuem para a expansão dos gastos com os benefícios previdenciários e ignora suas consequências para o financiamento da saúde e dos demais direitos sociais inscritos no artigo 6º da Constituição federal.

Nos debates sobre a proposta, o governo busca novos aliados e acena com o socorro que ela pode oferecer a estados e municípios, que enfrentam enormes dificuldades financeiras para administrarem seus orçamentos, o que significaria elevar a alíquota dos 20% previstos na PEC para o índice que vigia quando da sua extinção.

---

[13] PEC nº 140/2015.

Em princípio, o prazo para a duração da nova visita estende-se até o final de 2019, mas, se a resistência for vencida, a probabilidade de que ela fique em definitivo é quase certa. Embora a proposta, na versão encaminhada ao Congresso, represente mais um revés para os defensores de medidas que ajudem a resolver a crise de financiamento da saúde, não se teve notícia de qualquer pronunciamento público dos representantes dessa área a respeito. Por isso mesmo, o governo busca formar novas alianças para aprovar a visita, acenando com a possibilidade de estados e municípios trabalharem pela sua aceitação. Na difícil situação em que se encontram, estados e municípios não verão qualquer possibilidade de dispensar sua ajuda, o que tornará impossível obter o posterior apoio de seus representantes no Congresso Nacional para aprovar uma nova lei para cassar o direito de a velha senhora permanecer no país.

Se confirmada, a visita da velha senhora não irá resolver a crise fiscal e nem oferecer saída para o problema. Poderá reduzir os desequilíbrios em 2016, mas à custa de crescentes dificuldades para equacionar os graves desequilíbrios estruturais das contas públicas.

De outra parte, a reedição piorada da CPMF representará um sério golpe nas tentativas de avançar no rumo de uma reforma tributária pela qual o Brasil clama há tanto tempo. Cada vez que um remendo dessa natureza é feito (e mal feito), a consequência é nefasta. A defesa da CPMF apoia-se em argumentos frágeis, que ora apontam para suas vantagens sociais (combate à sonegação), ora para uma suposta irrelevância do ponto de vista de prejuízos para a atividade econômica, sem dar o devido destaque ao que realmente conta: a facilidade administrativa e a alta produtividade fiscal.

A essa altura, o canto da sereia parece seduzir os mais ferozes opositores ao retorno da velha senhora. Mas, se isso ocorrer, as esperanças de avanços na reforma tributária sofrerão um sério golpe.

O que esperar da performance da velha senhora dessa vez?

Estimativas extraoficiais, que tomam por referência o que ocorria durante sua permanência anterior no país, apontam para números modestos em relação ao tamanho do buraco nas contas do governo. Com alíquota de 0,2%, a expectativa era que a CPMF arrecadaria 24 bilhões de reais em 2016, caso fosse aprovada ainda no início do ano, mas, na hipótese de que isso possa ocorrer em junho, só poderia ser cobrada a partir de setembro, gerando uma receita de 10,2 bilhões de reais.

Afora os grandes itens de despesa cujos valores já estão contratados (previdência, funcionalismo, judiciário e legislativo), uma nova queda de 3% do PIB (estimada pela maioria dos analistas) provocará um tombo na receita tributária ainda maior do que o ocorrido em 2015. O único dado positivo no cenário econômico é a melhoria do saldo comercial nas relações internacionais, mas isso resulta principalmente da queda nas importações e não da expansão das exportações, que repercute negativamente na receita tributária. Menores lucros em 2015 não auguram bons resultados para o IR e a forte retração no consumo de bens e serviços deverá trazer para baixo a receita dos impostos que incidem sobre as vendas no mercado doméstico.

Assim, mesmo com a aprovação da CPMF, a probabilidade de ser atingida a meta fiscal para 2016 é praticamente nula, mesmo considerando que receitas extraordinárias de mais de 40 bilhões de reais previstas na proposta encaminhada pelo governo venham a se confirmar.[14] O relator do projeto orçamentário no Congresso acenou com economias provenientes da redução de fraudes no Bolsa Família, mas o governo anunciou que não aceitava uma medida dessa natureza.

Com base em dados que incluem despesas que irão ocorrer em 2016, na ausência de mudanças nas regras que estabelecem o reajuste dos respectivos valores, e de projeções para as receitas tributárias, é possível antecipar que os resultados desse ano deverão ficar muito distantes dos esperados pelo governo, mesmo contando com a CPMF e com a integral realização das receitas extraordinárias previstas no projeto da lei orçamentária para 2016.

---

[14] Governo espera arrecadar R$ 27 bi com vendas de ativos, R$ 10 bi com concessões e ainda contar com recursos oriundos da repatriação de dinheiro mantido no exterior (R$ 10 bilhões). Ademais, R$ 11 bi da concessão das hidrelétricas deverá ser contabilizado em 2016.

Sem maiores esforços, é possível constatar, portanto, que está na hora de encarar a realidade, sob pena de jogar fora as chances de o país superar os problemas que enfrenta e ingressar numa nova fase de crescimento que viabilize a preservação e a obtenção de novos avanços no campo social. Para isso, entretanto, é preciso reconhecer que não dá mais para esconder a necessidade de rever alguns equívocos cometidos durante o processo de elaboração da Constituição de 1988, que serão abordados no capítulo V.

CAPÍTULO II
A ilusão ainda não acabou:
o ajuste fiscal continua ignorando
a reforma do processo orçamentário

O Brasil convive com a ilusão de que os desajustes fiscais são o resultado de uma conjuntura econômica adversa, que repercute na arrecadação de impostos e na capacidade de o governo equilibrar as contas. Todos parecem acreditar que uma retomada do crescimento será capaz de repor as coisas nos eixos.

Essa é a mensagem que o governo busca transmitir à população. Se tivesse sido bem-sucedido, o ajuste de 2015 teria aberto o caminho para que a economia voltasse a crescer no ano de 2016 e a situação se normalizasse. Ledo engano. A retração dos negócios agrava os problemas, mas não corrige as causas estruturais dos desequilíbrios. Na melhor das hipóteses, a situação deixa de piorar, como foi exaustivamente demonstrado em estudos recentes.[15]

As raízes estruturais do desajuste das contas públicas são profundas. Para removê-las é necessário que o clima seja favorável. O desejável seria enfrentar essa tarefa num momento em que a situação econômica ofereça melhores condições para lidar com os enormes desafios envolvidos, que demandam firmeza e liderança. Mas quando as coisas vão bem a tendência é adiar o enfrentamento de tarefas difíceis, que se tornam quase impossíveis de equacionar em momentos de dificuldades econômicas e de agravamento da situação social.

Quando a situação é favorável, a distribuição de migalhas aos setores com menor capacidade de organização para reivindicar seus direitos pa-

---

[15] Para uma demonstração desse fato, consultar Rezende (2015).

rece ser suficiente para manter a calma, mas quando o clima azeda isso já não é possível e a insatisfação popular repercute na cena política sem, no entanto, ter força suficiente para se opor aos interesses que há muito se organizaram para defender as posições conquistadas.

Conflitos e tensões passam a fazer parte de embates cotidianos que, em situações extremas, acabam provocando uma crise institucional que compromete a governabilidade. A espinha dorsal de um regime democrático perde a capacidade de manter o corpo ereto. As fraturas na base que dá sustentação ao funcionamento das instituições políticas abrem espaço para que quem está bem posicionado reforce suas defesas, explorando a fraqueza daqueles que deveriam cuidar de resguardar o interesse público e empenhar-se na correção das causas que concorrem para os desequilíbrios estruturais.

O vácuo de poder que resulta da falência institucional torna ainda mais difícil a tarefa de empreender as reformas necessárias para dar sustentabilidade ao ajuste fiscal. Predominam o improviso e a disputa por iniciativas que, embora contrariem o que precisaria ser feito, transformam-se em manobras que visam marcar posição, enquanto aguardam a ocorrência de momentos oportunos para agir. O ambiente torna-se favorável ao populismo, onde os que são mais prejudicados pelo que acontece podem achar que a solução estaria no surgimento de um salvador.

Com as mãos atadas, os responsáveis pela administração das contas públicas se empenham em reforçar a guarda do pouco que pode ser guardado no cofre, após a entrega dos recursos que já têm donos, e ver de onde pode vir mais dinheiro para amealhar mais recursos e evitar um assalto maior ao Tesouro. A consequência é que todos aqueles que dependem da liberação do que resta nesse cofre serão prejudicados.

O rígido controle sobre a liberação do que pode ser retido transforma-se na única arma disponível para evitar problemas maiores. Mas a consequência disso para a gestão das políticas públicas que não contam com recursos garantidos é devastadora. Quem depende desses recursos não sabe se vai receber o dinheiro que precisa para prestar os serviços demandados pela população e, caso venha a receber, se terá tempo para cumprir com todas as normas requeridas para executar a despesa. A qualidade da vida urbana é particularmente afetada e se expressa por meio da violência, da criminalidade e da carência dos serviços de transporte e de saneamento. A saúde, que em tese conta com recursos garantidos, também é afetada por não encontrar espaço para atender às suas necessidades financeiras num território que é cada vez mais ocupado pelos beneficiários dos programas previdenciários e assistenciais.

Nesse contexto, o ajuste estrutural das contas públicas fica aguardando o reconhecimento de que a solução para os desequilíbrios fiscais depende de uma reforma do processo orçamentário, para que essa reforma seja incluída no topo da agenda que deve tratar das reformas prioritárias para o desenvolvimento econômico e a continuidade dos avanços alcançados no tocante à redução das disparidades sociais. Mas ainda não há qualquer sinal de que estaríamos perto de alcançar esse reconhecimento.

1. A essência do orçamento: muito além dos números sobre o tamanho do déficit

Pela primeira vez em muitos anos, a proposta para o orçamento de 2016 que o Executivo enviou ao Congresso no final de agosto reverberou na mídia. Embora a motivação para esse fato não possa ser comemorada, o ruído provocado pela decisão de enviar um orçamento deficitário gera uma oportunidade para provocar um debate sobre a essência do orçamento e o papel que ele representa nas modernas democracias.

O que está em jogo nesse momento não é apenas discutir se o buraco nas contas públicas vai ser coberto por meio de aumento de receitas, pelo corte de despesas, ou por uma combinação de ambos.

Nesse momento, o país parece estar parado numa encruzilhada e não demonstra clareza com respeito a qual caminho escolher. A escolha do caminho correto é fundamental para preservar as conquistas alcançadas e garantir a continuidade da caminhada na direção de maiores avanços.

O que está em jogo, na escolha desse caminho, é evitar retrocessos no campo social, reverter o processo de perda de competitividade da economia e recriar condições favoráveis à eficiência da gestão das políticas públicas. Tudo isso para repor o país numa rota de desenvolvimento que ofereça um futuro promissor a todos os brasileiros.

Para tanto, é fundamental que o debate sobre a proposta orçamentária focalize as questões que tratam da essência do orçamento. Quais são elas e quais são os componentes que combinados de forma adequada concorrem para formar uma peça consistente, durável e equilibrada? São três estes componentes:

a) A credibilidade
b) As prioridades
c) A previsibilidade

Nenhum deles isoladamente garante um bom resultado. Eles são complementares. A credibilidade é um requisito importante para o equilíbrio, não apenas no que se refere ao resultado contábil, mas também no que toca ao ajustamento da repartição dos recursos às prioridades da nação. A credibilidade também é essencial para a previsibilidade; sem previsibilidade não há maneira de garantir a continuidade das ações que concorrem para o equilíbrio nas prioridades.

1.1 O que precisa ser considerado em um esforço de busca da combinação capaz de assegurar a essência do orçamento?

O orçamento é, por definição, o resultado da combinação de previsões. Previsões sobre os recursos com que os governos contam para exercer suas responsabilidades e sobre os compromissos a serem atendidos para esse fim. Previsões são sujeitas a incertezas, algumas menos, outras mais. Ademais das incertezas, é preciso considerar se elas referem-se a fatos que ocorrem com regularidade e que, portanto, encerram maior previsibilidade, ou não. *Quanto maior for o rigor aplicado à realização dessas previsões e mais transparente for o método adotado para isso, melhor será o resultado.*

Tomemos, por exemplo, o caso das receitas. Há duas espécies principais de receitas. Aquelas que resultam do exercício constitucional do poder do Estado para cobrar tributos das empresas e dos seus cidadãos, as chamadas receitas ordinárias no jargão orçamentário. E as receitas extraordinárias, que são obtidas por meio da venda de ativos (privatizações), direitos de exploração de serviços (concessões), dividendos de empresas estatais e renegociação de dívidas, por exemplo.

As ordinárias são regulares e recorrentes, embora estejam sujeitas a incertezas decorrentes de flutuações na conjuntura econômica. As extraordinárias são irregulares, episódicas e finitas, além de sujeitas a maiores incertezas. *Portanto, receitas extraordinárias não devem ser usadas para atender a compromissos regulares e recorrentes, sob pena de provocar desequilíbrios, afetar as prioridades e comprometer a credibilidade.*

Do lado das despesas, também é preciso atentar para as diferenças com respeito ao caráter de cada uma delas. Grande parte refere-se a despesas regulares e contínuas e outras a despesas que requerem continuidade, mas não regularidade, como é o caso dos investimentos. Despesas imprevistas são raras e geralmente resultam da ocorrência de calamidades públicas e de conflitos armados, internos ou externos.

O que diferencia os dois grupos não é o grau de incerteza das previsões sobre as necessidades de gasto e tampouco o seu caráter. A diferença resulta do fato de algumas serem protegidas por leis e outras não. As primeiras passam a ser conhecidas como despesas obrigatórias e as demais por despesas discricionárias. *Disso resulta a leitura de que o obrigatório é prioritário e o discricionário não. Obrigatório é o que está amparado em leis. Prioritário é o que o país necessita para prover o desenvolvimento e garantir o atendimento das demandas da população. Nem sempre essas duas categorias estão associadas.*

Previsões de receitas e despesas com características distintas não devem ser misturadas, pois a mistura destrói a essência do orçamento. Se os fatos são regulares e recorrentes, é necessário que os compromissos que possuem essas características contem com recursos de igual natureza. De outra parte, despesas que não são regulares, mas geram compromissos regulares no futuro, caso de investimentos na construção de escolas, por exemplo, precisam ter em conta esse fato para preservar o equilíbrio intertemporal do orçamento.

1.2 As três dimensões do equilíbrio orçamentário

É importante ter em conta que o equilíbrio do orçamento precisa ser visto sob distintas perspectivas. *Desequilíbrios financeiros não podem ser confundidos com desequilíbrios fiscais.* Desequilíbrios fiscais abrangem os financeiros, mas tratam também do desequilíbrio no atendimento das prioridades orçamentárias (o desequilíbrio estrutural) e do desequilíbrio que se acumula quando a busca do atendimento de novas prioridades não prevê a revisão das obrigatoriedades (o equilíbrio temporal). O foco exclusivo no desequilíbrio financeiro concorre para destruir a essência do orçamento.

Qual é o problema? *O problema é que as categorias que hoje predominam no debate orçamentário não são suficientes para captar os desequilíbrios do orçamento nas três dimensões apontadas.*

No tocante a despesas, o debate tem se restringido a dividi-las em dois blocos: as despesas obrigatórias e as discricionárias. Mas, conforme destacado anteriormente, discricionário não é sinônimo de dispensável ou de irrelevante e obrigatório não significa que é prioritário ou essencial. *A diferença entre elas é apenas a existência de uma norma (constitucional ou legal) que estabelece a discriminação.*

Um exemplo apenas serve para ilustrar a diferença. Há consenso entre os especialistas na área que investimentos em saneamento básico são fundamentais para a saúde da população. São prioritários e essenciais, mas não obrigatórios. Essa lista poderia ser acrescida de outras despesas importantes para o usufruto dos direitos sociais assegurados no capítulo 6º da Constituição federal que não contam com o selo de despesa obrigatória.

Tanto as obrigatórias quanto as discricionárias dividem-se ainda em investimentos e custeio. Costuma-se, equivocadamente, associar investimentos a uma despesa de boa qualidade e o custeio a algo que seria menos importante. Mas essa visão simplista do problema também não corresponde à realidade.

Em boa parte dos programas sociais o custeio é tão ou mais importante do que o investimento, porque prédios escolares ou instalações hospitalares modernas não geram bons resultados se não contarem com recursos suficientes para custear a provisão dos serviços.

Outra consequência da forma como a discussão das despesas vem sendo conduzida é a desconsideração da importância de combinar as espécies de despesas e de receitas. Uma regra de ouro aplicada às finanças públicas é a que estabelece que recursos provenientes de operações de crédito só deveriam ser usados para financiar investimentos e que as despesas de custeio não podem depender de receitas extraordinárias, ou de outras fontes com elevada instabilidade.

Quando as despesas obrigatórias absorvem a maioria, ou chegam a superar as receitas ordinárias, gastos essenciais que não contam com alguma proteção legal ficam na dependência do acesso a receitas extraordinárias e incertas, além do recurso ao endividamento. Investimentos na infraestrutura, por exemplo, são essenciais para o desenvolvimento do país, mas sofrem da instabilidade do financiamento e da descontinuidade na execução.

A medida adotada para aferir o desequilíbrio financeiro adiciona outro fator que agrava os desequilíbrios estruturais e temporais. O foco no superávit primário, que é a medida predominante no Brasil, deixa em segundo plano as outras dimensões do equilíbrio orçamentário. A combinação de receitas extraordinárias com o represamento de gastos (acúmulo de Restos a Pagar) ajuda a fechar a conta do ano, mas contribui para a acumulação de inúmeros problemas que apenas adiam o enfrentamento dos desequilíbrios estruturais e temporais, que irão demandar um esforço muito maior posteriormente para serem solucionados.

As considerações anteriores recomendam que algumas regras básicas, resumidas no quadro 3, precisam ser observadas para evitar a degradação dos elementos que compõem a essência de um orçamento de qualidade.

Quadro 3

- Regras que devem ser observadas para preservar a essência do orçamento.
- Receitas extraordinárias não podem ser utilizadas para atender a despesas obrigatórias.
- Despesas obrigatórias não devem ser confundidas com despesas prioritárias e imunes a cortes.
- Receitas ordinárias não podem ser predominantemente comprometidas com despesas obrigatórias.
- Receitas extraordinárias não podem ser usadas para cobrir os desequilíbrios financeiros do orçamento, a menos quando eles de fato resultem de fenômenos conjunturais.
- Despesas regulares, recorrentes e contínuas não podem depender de receitas irregulares, episódicas e finitas.
- Prioridades não podem ser congeladas. A realidade é dinâmica e, portanto, é preciso que haja flexibilidade para que o congelamento de prioridades não sufoque a atenção a novas prioridades.
- Despesas de custeio que tratam do atendimento de prioridades não são menos importantes que despesas de investimento.
- Despesas de investimento irão requerer gastos com a manutenção futura dos serviços e das obras que, portanto, precisam ser previstas.
- Despesas tributárias, agora chamadas de renúncias fiscais, precisam ser incorporadas ao exame das causas dos desequilíbrios orçamentários.
- Foco exclusivo no superávit primário não revela a real dimensão dos desequilíbrios fiscais.

Fonte: Elaboração do autor.

A não observância dessas regras por muito tempo explica as inúmeras distorções que foram se acumulando no comportamento das contas do governo federal ao longo de mais de duas décadas, que não podem ser corrigidas por meio de medidas episódicas e emergenciais, conforme vem sendo insistentemente apontado nos trabalhos do Cefis.

2. O Ploa 2016 e o PPA 2016-19. Algum sinal de mudança com o objetivo de recuperar a essência do orçamento?

A busca de resposta para a pergunta que compõe o título desta seção implica examinar se há algum indício de maior atenção aos três elementos que compõem um orçamento de qualidade nas propostas enviadas pelo Executivo ao Congresso no final de agosto. Desafortunadamente, isso não ocorreu. Nenhuma mudança significativa para recuperar a importância do orçamento, para a qualidade das políticas públicas, o atendimento das prioridades da população e o desenvolvimento do país pôde ser observada nesses projetos.

2.1 A credibilidade

Após oito meses de convivência com a realidade dos fatos, o governo não foi capaz de assumir uma postura realista ao enviar ao Congresso Nacional projeto da lei orçamentária para 2016, ainda que tivesse renegado a meta de 0,7% para o superávit primário que havia estabelecido apenas 30 dias antes e passasse a admitir um resultado negativo.

À primeira vista, a revisão da meta fiscal poderia indicar uma tentativa de assumir um compromisso em expor a realidade dos fatos, mas essa visão otimista não sobrevive a uma maior atenção aos números.

No final de agosto, o mercado já sinalizava para uma queda no PIB em 2016 bem maior do que a prevista nos primeiros meses de 2015, mas a proposta orçamentária adotou um índice acima das previsões mais otimistas para o comportamento da economia. Como as previsões para a inflação se aproximaram das adotadas pelo mercado, o déficit oficialmente reconhecido ainda estaria subestimado, tendo em vista o efeito do aprofundamento da recessão nas receitas tributárias.

De fato, à medida que novas estimativas de queda na arrecadação tributária iam surgindo, elas reforçavam a posição daqueles que achavam impossível cobrir o rombo nas contas públicas com maiores cortes nos gastos, sendo necessário recorrer a novos impostos ou ao aumento de alíquotas de impostos existentes.

O efeito da inflação no orçamento se refletia no aumento de cerca de 10% nas despesas, a maior parte explicada pelo crescimento dos chamados gastos obrigatórios previstos na proposta oficial. No total, a despesa cresceria cerca de 105 bilhões de reais, mais de 30 bilhões acima do crescimento oficialmente estimado na arrecadação (tabela 12 e gráfico 1).

Tabela 12
Ploa 2016 — projeção de receita e despesas

	2015		PLOA 2016	
	R$ bi	% do PIB	R$ bi	% do PIB
Receita Total	1.322,30	22,70%	1.401,80	22,40%
Transferências p/ E&M	213,70	3,70%	221,70	3,50%
Rec. Líquida de Transferências	1.108,60	19,00%	1.180,10	18,90%
Despesas Total	1.105,80	19,00%	1.210,60	19,40%
Despesas Obrigatórias	871,80	15%	960,20	15,40%
Despesa Discricionária Executivo	233,90	4%	250,40	4%
Resultado Primário	2,80	0,10%	(30,50)	-0,5%

Fonte: Apresentação do ministro Nelson Barbosa (Brasília, 31 ago. 2016).

Gráfico 1
Crescimento das despesas obrigatórias e discricionárias — Ploa 2016 — R$ 104,8 bilhões

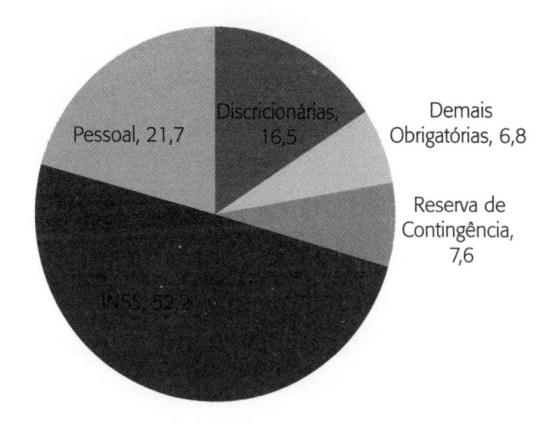

- Pessoal, 21,7
- Discricionárias, 16,5
- Demais Obrigatórias, 6,8
- Reserva de Contingência, 7,6
- INSS, 52,2

Fonte: Almeida (s.d.2).

Afora o desequilíbrio entre o crescimento das receitas e das despesas, o que não mereceu o devido destaque nas análises da proposta orçamentária feitas à época foi a dependência de receitas extraordinárias, um vício que vem se repetindo a cada ano. Para 2016, esperava-se contar com 173 bilhões de reais provenientes da venda de ativos, outorga de concessões, dividendos de estatais, compensações financeiras (*royalties*), renegociação de débitos tributários e outras espécies do gênero.

Outros números que também não mereceram a atenção da maioria dos analistas, que se concentraram nas dificuldades para alcançar as metas fiscais, são aqueles que mostravam a absorção das receitas ordinárias pelas despesas obrigatórias. Nos números oficiais, as despesas obrigatórias contempladas na proposta do orçamento para 2016 já absorveriam a quase totalidade das receitas ordinárias, assim consideradas as receitas administradas pela receita federal e as vinculadas à previdência social.[16]

---

[16] Despesas obrigatórias somavam R$ 960,2 bilhões e receitas ordinárias R$ 1.007,2 bilhão. Os números constam da apresentação da proposta orçamentária feita pelo ministro Nelson Barbosa em 31 de agosto de 2016.

Na forma como os números da proposta orçamentária foram apresentados, o percentual anteriormente indicado seria menor, mas importa mencionar que o critério adotado no resumo da proposta orçamentária para apresentar o montante das despesas obrigatórias subestimava o real valor desse grupo de despesas, ao não incluir o mínimo que tem que ser aplicado nos setores de educação e saúde em decorrência das vinculações constitucionais, computando apenas as despesas com o pessoal empregado nesses setores.[17]

Ao ajustar os números para levar em conta esse fato, o índice que mostrava a relação entre despesas obrigatórias e receitas ordinárias, assim consideradas as receitas administradas pela RFB e as contribuições para a previdência social, nas previsões orçamentárias para 2016 já seria de 106%.[18] *E isso mostra o ponto a que já havíamos chegado!*

Qual é a explicação para a não inclusão do mínimo constitucional nos números da despesa obrigatória na proposta orçamentária? A explicação é a possibilidade de segurar a execução de despesas de custeio e de investimento em educação e saúde contempladas no orçamento a ser aprovado, mas o montante necessário para cumprir as vinculações constitucionais terá de ser forçosamente empenhado e posteriormente incluído em Restos a Pagar.

Como o volume de RAPs de educação e saúde acumulados nessa rubrica já era muito alto, essa opção não resolve o problema, apenas adia seu enfrentamento. Note-se que Restos a Pagar de educação e saúde não podem ser cancelados, portanto, cada vez que seu volume aumenta fica mais difícil sustentar essa prática nos anos seguintes.

Ademais, importa chamar atenção para o fato de que os percentuais anteriores, que mostram a relação entre despesas obrigatórias e receitas

---

[17] Na proposta orçamentária essas despesas são chamadas de não contingenciáveis.
[18] De acordo com as regras vigentes e tendo em conta as estimativas oficiais, o mínimo a ser aplicado em saúde em 2016 seria de 0,03% do PIB e em educação de 0,017% do PIB. Descontados os gastos com pessoal, restariam cerca de 107 bilhões de despesas de custeio e investimento para cumprir a regra imposta pela Constituição, o que levaria o montante de despesas obrigatórias para R$ 1.067 bilhão, maior do que a receita ordinária de R$ 1.007 bilhão.

ordinárias, baseavam-se em previsões de arrecadação de tributos ainda otimistas à época, apesar da revisão feita por ocasião do envio dos projetos ao Congresso. Desde então, a arrecadação continuou caindo e a expectativa naquele momento era de que R$ 50 bilhões de receitas extraordinárias não seriam alcançados, o que apontava para a possibilidade de as despesas obrigatórias virem a superar as receitas ordinárias ainda em 2015, evidenciando a enorme gravidade da situação!

O fim do caminho já estaria claro? Como a probabilidade de as receitas extraordinárias esperadas em 2015 chegarem perto das previsões já era nula, estava claro que o resultado fiscal de 2015 seria mais uma vez negativo.

Como nas previsões para 2016 as despesas obrigatórias absorveriam mais de 100% das receitas ordinárias, parte delas passaria a depender de receitas extraordinárias para evitar o descumprimento de preceitos constitucionais, o que levantava a pergunta de como todas as demais despesas que não contam com garantias financeiras, inclusive as necessárias para manter a máquina pública funcionando, seriam financiadas.

Portanto, naquele momento, a situação já era extremamente grave para ser ignorada. O resto do governo ficaria paralisado? Como manter a operação das atividades de ministérios importantes para o país, a exemplo da Defesa, das Relações Exteriores, dos Transportes, das Cidades, e de outros que não contam com receitas garantidas? Como ficaria a liberação de recursos para sustentar a gestão de programas sociais e urbanos que foram repassados a estados e municípios, que dependem desses recursos para manterem os serviços funcionando? Nesse cenário, uma reforma administrativa merecedora desse nome poderia ser impulsionada pela ausência de meios para sustentar um grande número de ministérios e agências governamentais.

Já não era mais possível evitar um debate sério sobre a necessidade de elaborar um Plano Fiscal para corrigir os desequilíbrios estruturais nas contas do setor público brasileiro. Mas isso ainda não era oficialmente reconhecido.

2.2 A imprevisibilidade

A ilusão de que os problemas são passageiros e que serão resolvidos se as coisas melhorarem

A complacência com a situação em que o país se encontra em matéria de gestão orçamentária evidencia a opção por alimentar uma ilusão: a ilusão de que os desequilíbrios fiscais resultam da acumulação de problemas decorrentes das dificuldades enfrentadas para sustentar taxas ainda que modestas de crescimento econômico, em razão de problemas que se originaram no plano internacional.

Não há disposição para reconhecer a realidade já exposta em trabalhos anteriores do Cefis.[19] Há muito tempo que o Brasil vem se comportando como os herdeiros de uma grande fortuna deixada por seus antepassados. Se os rendimentos mensais não são suficientes para sustentar o padrão de despesas com o qual se acostumou no passado, a opção é vender os ativos, oferecer descontos a devedores para antecipar o recebimento de dívidas, obter empréstimos sob condições cada vez menos desfavoráveis, e adiar o pagamento de despesas, na vã esperança de que algo de inesperado vai acontecer para resgatá-los do buraco em que vão afundando.

Vale a pena rever os dados apresentados por Rezende e Almeida (2015), que mostram como evoluiu o recurso a receitas extraordinárias no período de 1997 a 2014 (gráfico 2). Ele mostra o que vem sendo insistentemente denunciado nos trabalhos do Cefis. Nos momentos em que a crise econômica se manifestou com intensidade, o recurso a receitas extraordinárias exibiu um aumento expressivo para superar os instantes mais críticos e evitar o enfrentamento dos desequilíbrios estruturais. Isso aconteceu na crise de 1998 e 1999, quando as receitas extraordinárias ficaram na casa de 1% do PIB, e de novo na média do

---

[19] Ver capítulo III para mais informações a respeito.

período 2012-14, quando ficou nesse mesmo nível. O destaque é dado pelo que ocorreu em 2010, quando elas ascenderam a mais do dobro desse patamar e, principalmente, pelos números que mostram que desde então o Brasil viciou-se em injetar a média de 1% do PIB no orçamento, para compensar a captura das receitas ordinárias pelas despesas obrigatórias.

Gráfico 2
Receitas extraordinárias — 1997-2014 — % do PIB

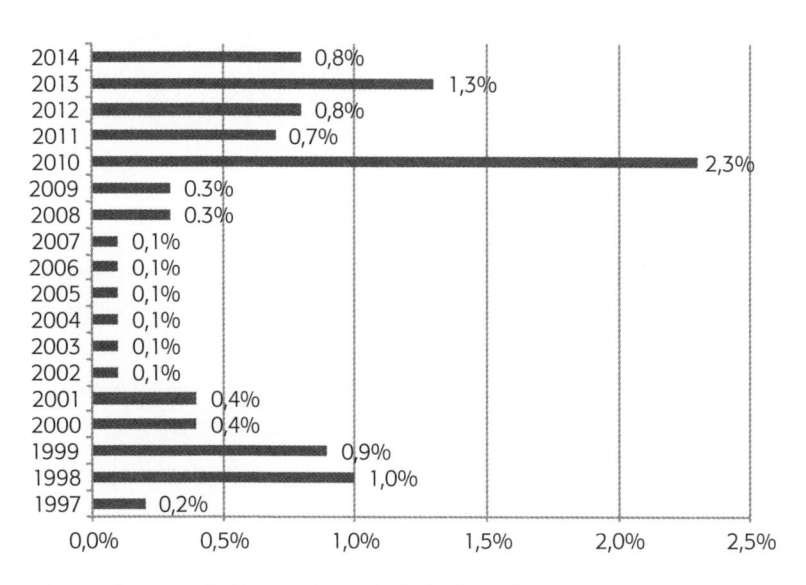

Ano	% do PIB
2014	0,8%
2013	1,3%
2012	0,8%
2011	0,7%
2010	2,3%
2009	0,3%
2008	0,3%
2007	0,1%
2006	0,1%
2005	0,1%
2004	0,1%
2003	0,1%
2002	0,1%
2001	0,4%
2000	0,4%
1999	0,9%
1998	1,0%
1997	0,2%

Obs.: Receitas extraordinárias: antecipação de dividendos, Refis, concessões e cessão onerosa para exploração de petróleo.
Fonte: Rezende e Almeida (2015).

Mas o problema não é a necessidade de recorrer a receitas extraordinárias em momentos de crise e sim a dependência que se consolidou nos últimos anos, somada à recusa em enfrentar o tratamento para se livrar dela, o que requer uma ampla revisão do padrão das despesas. Em toda a primeira década deste século, a sustentação desse padrão continuou dependendo dessas receitas, apesar de as receitas ordinárias terem se beneficiado, por alguns anos, de um ciclo econômico favorável. Quando houve a reversão do ciclo, a decisão foi a de renovar a aposta na crença de que os problemas poderiam ser resolvidos por meio de medidas capazes de dar uma sobrevida ao organismo, mediante uma nova rodada de ampliação de investimentos e de criação de novos programas, mas não para evitar sua falência.

Nas propostas orçamentárias para 2016 enviadas ao Congresso no final de agosto de 2015, a previsão era obter 2,8% do PIB de receitas extraordinárias nesse ano! Quase o triplo da média para o período 2011-14. Como apenas dois meses depois as expectativas já indicavam que isso não seria alcançado, essa atitude denotava a falta de compromisso com a realidade, reforçava a imprevisibilidade na execução da despesa e aumentava a descrença da população no orçamento.

Um bom exemplo da ausência de previsão é fornecido pelo extraordinário aumento dos investimentos em educação entre 2010-14 e sua posterior repercussão nas despesas de custeio nessa área. No mencionado período, a média anual dos investimentos em educação foi de R$ 8,8 bilhões, fazendo com que as despesas de custeio nessa área em 2014 praticamente duplicassem os gastos realizados em 2010 em valores nominais (crescimento real de 53% no período). E esse fato repercutiu no forte aumento dos Restos a Pagar de educação acumulados em 2015.

A ausência de um planejamento orçamentário de médio prazo também se revelou na decisão de criar novos programas que adicionaram novas pressões de gastos sobre o orçamento num contexto em que os impactos da crise econômica internacional já se faziam sentir no Brasil.[20] A partir de 2011, as despesas com esses programas adicionaram 0,8% do PIB aos gastos sociais, num contexto em que a economia já

---

[20] Fazem parte dessa lista: (1) uma parte do Brasil Sem Miséria; (2) o crédito educativo para estudantes de nível superior, o Fies; (3) o programa de expansão da concessão de bolsas de estudos no exterior, o programa Ciências Sem Fronteiras; (4) o programa Mais Médicos; (5) o Minha Casa Minha Vida; e (6) o programa de estímulo ao ensino técnico, o Pronatec.

andava em marcha lenta e não conseguiria sustentar a adição de novos itens à conta dos gastos sociais.[21]

A recusa em admitir que é necessário mudar de atitude podia ser vista em sugestões que apontavam para o adiamento do reajuste de salários do funcionalismo e o aumento do contingenciamento de despesas como medidas para promover o ajuste fiscal. Elas ressaltam a crença de que a retomada do crescimento econômico irá corrigir os desequilíbrios orçamentários, o que vem sendo insistentemente demonstrado, desde 2007, que não ocorrerá (Rezende, Oliveira e Araujo, 2007). Na melhor das hipóteses, o crescimento adia o enfrentamento do problema até que a próxima crise mostre a realidade que ainda não quer ser reconhecida.

O orçamento paralelo

Além da dependência de receitas extraordinárias, a imprevisibilidade do orçamento sofre os efeitos do crescimento dos Restos a Pagar, que já se transformou, de fato, em um orçamento paralelo.

A apreciação desse orçamento também é importante para agregar elementos que sejam capazes de abalar a fé em uma solução indolor para os desequilíbrios fiscais, dado o tamanho que ele adquiriu ao longo dos anos, sem ter parado ainda de crescer, embora não seja claramente percebido pela maioria da sociedade brasileira.

De novo, é preciso usar nomes corretos para que os problemas orçamentários fiquem transparentes. *A classificação oficial (Restos a Pagar) já não condiz com a realidade, pois há muito que a perderam para assumirem a condição de um orçamento paralelo, cujo volume já superava a soma de todas as despesas consideradas discricionárias na primeira versão da proposta orçamentária da União para 2016.*[22] E nesse total não está incluída uma

---

[21] Para detalhes, ver Rezende e Almeida (2015).
[22] Adicionado o valor do mínimo constitucional a ser aplicado em educação e saúde, as despesas discricionárias em 2016 cairiam para cerca de 200 bilhões de reais, um valor menor do que o saldo de Restos a Pagar existente em janeiro de 2015 e praticamente igual ao total dos Restos a Pagar não processados.

parcela de despesas que também se enquadra nessa categoria e que se expandiu bastante nos últimos anos, em especial os subsídios a financiamentos concedidos por meio de instituições financeiras públicas, numa reedição moderna do orçamento monetário que foi extinto na reforma realizada em meados da década de 1980.[23]

Oficialmente, apenas uma pequena parte do orçamento paralelo compõe-se de despesas que terão que ser pagas, pois corresponde a serviços já prestados ou obras já realizadas e, portanto, não podem ser canceladas (os Restos a Pagar processados, no jargão oficial). Em tese, a maior parte, que se compõe de Restos a Pagar não processados, poderia ser cancelada, mas não é bem assim, pois inclui despesas em educação e saúde, que não são passíveis de cancelamento, além de emendas parlamentares (a metade já protegida) e de investimentos que tratam de obras em andamento, cujo espaço para cancelamento é reduzido.

O tamanho, a evolução e a composição desse orçamento paralelo podem ser vistos nos dados apresentados nas tabelas 13 e 14. Entre 2010 e 2014, o volume de gastos transferidos para o orçamento paralelo subiu de R$ 127 bilhões para R$ 225 bilhões, crescimento que pode ser explicado pela criação de novos programas no período anterior em que o ciclo econômico favorável contribuiu para o crescimento das receitas ordinárias, e porque o espaço para ampliação do endividamento permitiu que os novos programas também contassem com subsídios financeiros.

À medida que novos programas engrossavam a lista das despesas obrigatórias, uma parcela maior das chamadas despesas discricionárias perdia espaço no orçamento do exercício, contribuindo para a progressiva ampliação do orçamento paralelo. Não por acaso, portanto, o grosso desse orçamento é composto por outras despesas correntes (custeio e transferências) e por investimentos.

---

[23] Em decorrência das medidas adotadas pelo TCU, o governo vem pagando o que deixou de pagar no passado e tomando providências adicionais para encerrar essa prática.

Tabela 13
Orçamento paralelo – despesas contratadas (Restos a Pagar processados) por grupo de despesa (GND) – 2010-15 – R$ milhões de 2014

		2010	2011	2012	2013	2014	2015
1	PESSOAL E ENCARGOS SOCIAIS	642,20	414,34	817,31	515,47	1.361,46	1.012,07
2	JUROS E ENCARGOS DA DÍVIDA	222,00	32,12	-	27,95	4,30	2,34
3	OUTRAS DESPESAS CORRENTES	19.677,57	18.471,70	18.411,99	19.606,75	20.430,12	27.132,28
4	INVESTIMENTOS	6.410,98	9.101,32	5.918,95	4.286,06	7.249,85	8.397,09
5	INVERSÕES FINANCEIRAS	346,35	514,76	1.156,88	2.483,17	3.808,67	1.883,93
6	AMORTIZAÇÃO/ REF. DA DÍVIDA	65,10	64,52	77,50	56,85	48,45	21,07
	TOTAL	27.364,19	28.598,76	26.382,62	26.976,26	32.902,85	38.448,78

Fontes: Siafi Gerencial e Tesouro Gerencial.

Tabela 14
Orçamento paralelo – despesas não contratadas (Restos a Pagar não processados) por grupo de despesa – 2010-15 – R$ milhões de 2014

		2010	2011	2012	2013	2014	2015
1	PESSOAL E ENCARGOS SOCIAIS	1.863,91	1.095,42	1.309,26	1.075,69	1.116,02	1.796,04
2	JUROS E ENCARGOS DA DÍVIDA	0,36	7,37	0,24	10,60	2,32	3,21
3	OUTRAS DESPESAS CORRENTES	34.420,86	43.361,99	52.567,09	56.578,72	71.986,34	92.046,93
4	INVESTIMENTOS	55.063,90	51.424,07	53.237,24	67.672,61	74.295,69	71.819,04
5	INVERSÕES FINANCEIRAS	8.736,10	9.452,74	12.517,26	17.851,60	17.595,34	21.278,47
6	AMORTIZAÇÃO/ REF. DA DÍVIDA	0,23	-	25,05	18,45	0,39	0,00
	TOTAL	100.085,36	105.341,60	119.656,15	143.207,66	164.996,10	186.943,69

Obs.: Líquido de cancelamentos – valores apurados em dezembro e, para 2015, em janeiro.
Fontes: Siafi Gerencial e Tesouro Gerencial.

A parcela das despesas do orçamento paralelo que ainda não tinha sido contratada em 2015 representava cerca de 85% do total, mas isso não significava que grande parte dessas despesas poderia ser cancelada. Desse grupo faziam parte despesas de educação e saúde e grande parte de investimentos que se referem a obras em andamento. Embora as emendas parlamentares não constituam um montante expressivo, a obrigatoriedade de executar pelo menos a metade delas é mais um elemento que limita qualquer iniciativa que vise conter o crescimento dos gastos incluídos nesse orçamento.

O crescimento do orçamento paralelo ocorreu à medida que a principal arma utilizada para cumprir as metas fiscais é o contingenciamento. Contingenciar não significa cortar e sim pôr de lado para ver se algo inesperado vai permitir que o gasto seja posteriormente efetuado. Equivocadamente, todavia, a leitura que é feita por ocasião da divulgação do decreto de contingenciamento das despesas previstas no orçamento é a de que estariam ocorrendo substanciais cortes de despesa para enfrentar os desequilíbrios orçamentários, o que a expansão do orçamento paralelo demonstra estar longe da verdade.

Outra leitura das limitações, que o crescimento desse orçamento impõe ao controle das despesas públicas, é a fornecida pela decomposição das despesas por funções (tabela 15). Nesse caso, destacam-se os encargos especiais, cujo volume reflete a forte expansão dos subsídios a programas habitacionais e educacionais, bem como a atividades agrícolas e investimentos na indústria. A participação das despesas em educação e saúde nesse orçamento decorre da prática de despejar nele recursos do orçamento do exercício corrente para ajudar a cumprir as metas para o superávit primário.

Afora o fato apontado de que o orçamento paralelo já era maior em 2015 do que o total das despesas discricionárias do orçamento do exercício corrente, cabe destacar, em primeiro lugar, a pressão que o volume de despesas de custeio e de investimento em educação e de saúde irá exercer sobre os orçamentos para essas áreas nos anos vindouros. Como essas despesas não podem ser canceladas e o limite para a acumulação de despesas no orçamento paralelo é de cinco anos, até o final de 2015 tudo o que foi incluído nele em 2010 teria que ser obrigatoriamente executado, aumentando as dificuldades para executar as despesas dos exercícios subsequentes, num processo que só poderia ser estancado mediante a limitação de empenho de orçamentos futuros.

Tabela 15
Despesas acumuladas no orçamento paralelo por categoria e função em janeiro de 2015 — R$ milhões de 2014

	Contratadas	Não contratadas	Total
Pessoal e encargos sociais	1.012	1.796	2.808
Outras despesas correntes e investimentos	35.529	163.866	199.395
— encargos especiais			
— educação		62.043	
— agricultura		19.392	
— saúde		17.305	
— transporte		13.525	
— urbanismo		12.456	
— comércio e serviços		9.786	
— defesa nacional		7.635	
— saneamento		6.654	
— gestão ambiental		5.059	
— organização agrária		4.531	
— desporto e lazer		3.129	
— assistência social		2.963	
— ciência e tecnologia		2.889	
— segurança pública		2.880	
— administração		2.363	
— judiciária		2.296	
— trabalho		2.282	
— demais		2.207	
Inversões financeiras	1.884	21.279	23.163
Amortização juros e encargos da dívida	23	3	26
Total	34.449	187.383	221.832

Obs.: Líquido de cancelamentos — valores apurados em dezembro e, para 2015, em janeiro.
Fontes: Siafi Gerencial e Tesouro Gerencial.

Outro fato relevante, exibido no quadro 4, é a importante diferença nos valores de despesas inscritas e reinscritas. Em educação, as despesas inscritas no final de 2014 foram praticamente o dobro das reinscritas, revelando a dificuldade para executar as despesas de custeio incluídas no orçamento daquele ano. Na saúde, a diferença foi pequena e o valor das despesas reinscritas foi um pouco menor do que na educação.

Vale a pena observar que o total de despesas de saúde e educação armazenadas no orçamento paralelo já era de 33 bilhões de reais e representava cerca de 30% do total das despesas de custeio nesses dois programas em 2014. Considerando que eles cresçam 20% em 2015 e supondo ainda que pelo menos 1/5 deles terá que ser forçosamente executado,[24] serão sete bilhões de reais a mais que irão comprometer a execução do que estiver previsto no orçamento de 2016 para essas áreas. Como o valor empenhado em cada ano tem de estar dentro do mínimo constitucional, à medida que o que terá que ser obrigatoriamente liberado do orçamento paralelo nos anos à frente crescer, a parcela liberada do orçamento do exercício terá que diminuir.

No tocante aos investimentos, a principal justificativa para aumentar o volume desses gastos incluídos no orçamento paralelo era a necessidade de evitar a descontinuidade das obras, em razão das dificuldades encontradas para cumprir tempestivamente as exigências da legislação em vigor, a conformidade com normas ambientais e sociais e a interrupção decorrente de ações judiciais. Mas se essa motivação inicial poderia ter algum fundamento, isso se perdeu à medida que o crescimento dessa parte do orçamento paralelo ultrapassou os limites do razoável e que outras demandas passaram a competir por recursos que foram se tornando mais escassos.

Dessa forma, o que era para ser uma maneira de contornar as dificuldades burocráticas transformou-se em um expediente que inviabiliza uma programação de investimentos compatível com a preservação

---

[24] De acordo com a regra de que o prazo para a acumulação é de cinco anos.

do equilíbrio intertemporal do orçamento e com uma visão estratégica de futuro. Investimentos que eram para ser feitos no passado competem com investimentos que os novos orçamentos programam para ocorrer futuramente e o desencontro gera ineficiências e compromete sua eficácia. Afora a burocracia, a paralisação das obras sofre da falta de recursos para atender ao mesmo tempo o passado e o presente. E boa parte de investimentos feitos no passado não encontra previsões nos orçamentos correntes para custear os serviços criados ou conservar as obras concluídas.

Quadro 4
Orçamento paralelo despesas não contratadas – jan. 2015

	Inscritas	Reinscritas	Total
Educação	12.483	6.895	19.392
Saúde	7.407	6.093	13.524
Agricultura	8.193	9.072	17.305
Transportes	6.998	5.423	12.456
Urbanismo	2.613	7.162	9.786
Encargos Especiais	40.443	21.556	62.043
Total	109.448	77.655	187.383

Fontes: Siafi Gerencial e Tesouro Gerencial; elaboração de Mansueto Almeida.

Um exemplo importante a respeito do ponto mencionado no final do parágrafo anterior aconteceu no campo do ensino superior, no qual, conforme mencionado anteriormente, os investimentos realizados entre 2010 e 2014 geraram um forte crescimento nos gastos de custeio que não foram suficientes, todavia, para sustentar a expansão de matrículas em universidades públicas e privadas. Para cobrir a insuficiência de recursos orçamentários, a opção foi expandir o crédito estudantil fornecido por agências financeiras públicas e conceder subsídios para todos os que não tinham condições de bancar o custo das matrículas na rede privada, em grande parte por meio do endividamento.

Outra consequência desastrosa da opção por acumular investimentos no orçamento paralelo foi a desorganização no ritmo de execução das obras do Programa de Aceleração do Crescimento (PAC), saudado na época de sua criação como uma iniciativa voltada para o objetivo de corrigir as deficiências da infraestrutura econômica e contribuir para o crescimento da economia brasileira. Boas intenções não corresponderam à pratica. Enquanto foi possível contar com maiores receitas e com o fornecimento de crédito barato a investidores privados, algum avanço ocorreu, mas, à medida que as fontes de financiamento foram secando, a execução das obras foi caminhando a passos cada vez mais lentos, ao mesmo tempo que os custos foram crescendo em tamanho, em razão da interrupção e de projetos mal concebidos.

Entre 2012 e 2015, a inclusão de novas previsões de gastos de investimentos no orçamento paralelo foi bem superior aos recursos direcionados para executar os investimentos que foram transferidos para esse orçamento, o que coincidiu com a queda no ritmo de execução de investimentos, devido ao fato de que a não execução dessa categoria de gastos tem sido uma das principais armas utilizadas pelo governo para segurar o crescimento das despesas.

Em resumo, o resultado da combinação de um orçamento paralelo que cresce e de um orçamento corrente que não tem visão de futuro fez com que um dos elementos básicos importantes para compor a essência de um orçamento de qualidade, que foi destacado na primeira seção deste capítulo — a previsibilidade —, fosse ignorado. Em decorrência, o foco das atenções volta-se para o passado e boa parte do que deveria ser feito no presente logo se mistura ao passado, sem que haja coerência na mistura. O futuro é solenemente ignorado, não obstante o cumprimento de formalidades previstas nas regras constitucionais que tratam do processo orçamentário.

A necessidade de dirigir mais atenção para o futuro

Uma breve referência à proposta para o PPA 2016-19 é importante para destacar algumas das questões abordadas anteriormente.

Em primeiro lugar, cabe destacar que a crença na ilusão de que a melhoria do cenário econômico irá contribuir para a solução dos problemas fiscais continua inabalável. As previsões contidas na proposta em tela sugeriam que uma progressiva melhoria nos índices de desempenho da economia permitiria conciliar a manutenção do ritmo de expansão das despesas obrigatórias, nos próximos quatro anos, com a progressiva obtenção de metas fiscais mais consistentes com o objetivo de conter a relação dívida bruta/PIB dentro de índices considerados seguros pelo mercado financeiro.

Essas expectativas resultavam da combinação de taxas de crescimento econômico que, após alcançarem 1,3% em 2017, subiriam para 2% nos anos seguintes, com uma forte queda da inflação, que depois de chegar a 9,25% em 2015 cairia para 5,4% em 2016 e atingiria o centro da meta nos demais anos. Em 2017, o superávit primário subiria para 1,1% do PIB e alcançaria 1,65% nos anos seguintes. Assim, após alcançar o patamar de 68,4% do PIB em 2017, a dívida bruta cairia para 67,3% do PIB em 2019.

A combinação de crescimento em alta e inflação em queda formava o elemento que sustentava a visão fornecida na proposta do PPA, a despeito do efeito do crescimento previsto para o salário mínimo nas despesas, indicando que a probabilidade de que a visão otimista exibida pelo PPA se materializasse já era praticamente nula.

Na apresentação da proposta para o PPA não foram detalhadas as informações sobre os números para os principais componentes da despesa do governo federal, mas alguns elementos apresentados permitiam fazer algumas inferências a respeito. Do total dos recursos orçamentários previstos para o quadriênio 2016-19, que eram estimados em R$ 5.072 bilhões, quase 70% (R$ 3.441 bilhões) referia-se a programas temáticos classificados como Social e Segurança Púbica, e outros 25% (R$ 1.278

bilhão) a programas relacionados com Gestão, Manutenção e Serviços ao Estado, dos quais uma parcela expressiva deveria ser compreendida por despesas de pessoal e outros itens de execução obrigatória.

Acresce que as previsões do PPA para 2015 e 2016 já estavam ultrapassadas quando a proposta foi encaminhada, pois o mercado já convivia, naquele momento, com um índice negativo para o PIB da ordem de 3% em 2015, e de uma nova contração da economia em 2016, além de uma alta da ordem de 10% para a inflação em 2015 e de números bem maiores do que as previsões oficiais para 2016. PIB em queda ajuda a conter o reajuste do salário mínimo, mas derruba as receitas, e inflação em alta tem efeito contrário nas despesas. Ademais, os níveis vigentes à época para a taxa básica de juros já indicavam ser inviável o alcance da meta de estabilização da relação dívida/PIB em 2017, conforme indicavam as previsões do PPA.

A isso se juntava o fato de que, assim como ocorreu na proposta orçamentária, o projeto do PPA ignorou o tamanho do orçamento paralelo e sua composição. Se as despesas obrigatórias continuarem dependendo do recurso a receitas extraordinárias, em níveis cada vez mais elevados, o orçamento paralelo terá que crescer para abrigar uma parcela crescente de despesas discricionárias que não contarão com recursos suficientes para serem executadas, ou com novas receitas provenientes do aumento de impostos.

Mas isso não parece ser objeto de preocupação. A aposta no aumento do orçamento paralelo e no recurso a receitas extraordinárias, para manter a situação sob controle até que a economia resolva o problema, parece estar mais apoiada na hipótese de que a sociedade venha a se acostumar com o fato de que novos aumentos na carga tributária serão inevitáveis.

No entanto, como a sociedade já vem deixando claro que será impossível contar com progressivos aumentos na carga tributária, o segundo aspecto a ser destacado na proposta do PPA é a dificuldade que ele expressa com respeito à necessidade de se livrar da dependência de receitas extraordinárias. Como as despesas obrigatórias já ultrapassam as receitas ordinárias, será impossível abandonar esse vício sem enfrentar as reformas que se fazem necessárias para corrigir os desequilíbrios estruturais das contas públicas.

Mas isso não é tudo. Resta ver o que fazer com o orçamento paralelo. Como há pouco espaço para cancelar o que está contido nele, duas questões precisariam ser avaliadas. Uma é a de que o processo de executar parte do que está ali inserido, e de incluir nele a parte que não poderá ser executada, não pode continuar indefinidamente. E isso leva à questão seguinte, que implica avaliar se o orçamento paralelo ainda poderia continuar crescendo, e até quando, ou se teria que encolher.

Os números apresentados nas tabelas 13 e 14 sugerem que a possibilidade de manter o ritmo de crescimento registrado no período 2010-14 é praticamente nula. As despesas já contratadas (RAPs processados) subiram para cerca de R$ 40 bilhões em janeiro de 2015 e as que ainda não o foram (RAPs não processados) cresceram a uma média anual de R$ 17 bilhões no período, alcançando a soma de R$ 186 bilhões na mesma data.

Dadas as limitações ao cancelamento do que ainda não foi processado, os exercícios financeiros seguintes já começam com mais de 100 bilhões de reais de contas de exercícios anteriores a serem pagas. Na situação a que chegamos, em que as receitas ordinárias já não são suficientes para cobrir as despesas obrigatórias, parece evidente que é necessário tomar providências para estancar esse processo provocando um debate sobre a necessidade de rever as escolhas orçamentárias (Rezende, 2015).

O foco desse debate deve contemplar três questões importantes. A primeira trata de deixar claro que as obrigatoriedades que foram se acumulando em razão de regras criadas ao longo do tempo congelam o orçamento, que adquire um caráter estático, imutável, contrariando a dinâmica socioeconômica, que provoca mudanças recorrentes no perfil das demandas sociais que requerem atenção do Estado.

A segunda destaca que, na ausência de um debate dessa natureza, desenvolve-se uma busca constante, por parte dos que não têm suas demandas protegidas, por normas que lhes garantam o acesso a essa condição, o que, num movimento reativo, leva aqueles que já contam com essa proteção a reforçar suas posições, gerando conflitos entre aqueles que estão amparados pelas obrigatoriedades.

A terceira aborda as implicações da preservação desses conflitos no médio e no longo prazos, à medida que as dificuldades para acomodar o que é obrigatório e o que é prioritário, mas não obrigatório, repercutem na forma de dificuldades para atender a todos, visto que a limitação dos recursos contribui para o agravamento dos desequilíbrios fiscais e acaba prejudicando os próprios beneficiários das obrigatoriedades, que não encontrarão condições de ter suas demandas atendidas.

As questões anteriormente destacadas remetem a um aspecto central de toda a argumentação desenvolvida neste capítulo: a crença infundada na hipótese de que o crescimento econômico será capaz de corrigir os problemas e evitar um debate sério a respeito, o que não mais se sustenta. É preciso rasgar a fantasia e encarar a realidade, para evitar que todos saiam perdendo pela incapacidade de cumprir o obrigatório e pela ausência de condições para atender ao prioritário.

2.3 A essência desandou e formou um orçamento sem qualidade

A análise da versão original da proposta orçamentária para 2016 e do PPA para 2016-19, à luz dos elementos que compõem a essência de um orçamento de qualidade, mostra o quão distante estamos de alcançarmos essa situação.

A adoção de parâmetros irrealistas e o recurso a categorias orçamentárias que não revelam a real dimensão dos problemas retiram credibilidade do orçamento. Previsões otimistas para o crescimento da economia repercutem na forma de sobre-estimação das receitas tributárias, ao mesmo tempo que as previsões para receitas extraordinárias se apoiam mais em intenções do que em perspectivas concretas de virem a se concretizar. Adicionalmente, os critérios utilizados para estimar o montante de despesas obrigatórias não revelam sua real dimensão, ao não incluir o mínimo constitucional que terá que ser cumprido para as despesas de educação e saúde, além de não considerar o volume de despesas inscritas no orçamento paralelo que assumem essa condição.

Também concorre para a não credibilidade dos números a suposição de que tudo o que é considerado discricionário é passível do corte, pois nele se incluem gastos de custeio em programas sociais que não podem ser cortados porque são essenciais à prestação dos serviços demandados pela população (medicamentos, por exemplo), porque fazem parte da agenda prioritária do país (investimentos na melhoria da infraestrutura), ou porque sofrem sérias limitações políticas (emendas parlamentares, por exemplo).

O resultado da combinação dos fatos anteriores são a apresentação de metas não factíveis de serem cumpridas para o superávit primário e a incapacidade de manter sob controle a relação dívida/PIB.

A insistência nessa atitude não gera qualquer efeito importante nas expectativas dos agentes econômicos, pois analistas independentes dispõem de conhecimento e do acesso a informações para demonstrar que as cifras oficialmente apresentadas não estão próximas da realidade. Uma explicação para isso poderia ser a criação de espaço artificial para reduzir a pressão dos principais beneficiários que reagiriam a números que indicariam maior queda ou menor crescimento nos gastos, bem como para acomodar as negociações a serem feitas por ocasião da tramitação da proposta no Legislativo.

Por seu turno, a falta de credibilidade contribui para a ausência de previsibilidade, tanto no que se refere à execução das despesas durante o exercício financeiro quanto no tocante à continuidade das ações necessárias à eficiência e à eficácia das políticas públicas.

A ausência de previsibilidade resulta do modelo de execução orçamentária adotado no final da década de 1990 e reforçado ao longo do tempo. Para lidar com as consequências da destruição do processo orçamentário, inúmeros expedientes foram sendo adotados para manter o controle sobre as despesas, mas não para evitar o crescimento daquelas que se beneficiam de regras que não são discutidas durante o processo de elaboração e aprovação do orçamento.

As principais medidas adotadas para lidar com essa situação são o contingenciamento e a flexibilização do conceito de Restos a Pagar. A combinação dessas medidas gera incertezas nos gestores com respeito à regularidade dos fluxos de liberação das verbas previstas no orçamento e daquilo que foi acumulado no orçamento paralelo no passado, inviabilizando uma gestão eficiente dos recursos e comprometendo o cumprimento do cronograma de execução dos investimentos, além de não contemplar o efeito posterior dos investimentos nas necessidades de recursos para a manutenção e a operação dos serviços.

A irrelevância do PPA é a consequência desse processo. Uma retórica exuberante e um desfile de metas que impressionam o leitor, mas que não encontrarão condições para serem cumpridas, acabam servindo para vender a ilusão de que os problemas irão se resolver pela melhoria da economia, além de cumprir uma formalidade exigida pela Constituição.

Ademais, conforme foi destacado anteriormente, as categorias utilizadas para apresentar a proposta orçamentária não contribuem para provocar uma discussão que deixe clara a distinção entre obrigatório e prioritário. Para isso, seria necessário primeiro expor os conflitos que existem no conjunto que abriga as despesas obrigatórias, para separar a parcela que é prioritária daquela que não mereceria esse adjetivo, ao ter em conta as necessidades presentes da população brasileira e o que é preciso ser feito para assegurar um futuro melhor para as próximas gerações. Mas parece não haver interesse em provocar esse debate, talvez porque, ao expor o conflito interno, quem hoje se beneficia das regras que fornecem o selo de despesas obrigatórias receia abrir uma discussão que pode redundar em prejuízos coletivos, à medida que isso der oportunidade para que as prioridades que ficaram de fora da obrigatoriedade participem da discussão.

No topo da lista das prioridades da população reveladas por pesquisas conduzidas por instituições especializadas nessa matéria, estão o acesso a serviços de saúde de qualidade e a melhoria das condições de segurança nas grandes cidades, especialmente nas principais aglomerações urbanas do país. Embora a saúde pertença ao grupo das despesas obrigatórias, seu espaço nesse condomínio vem encolhendo, à medida que outros ocupantes vão se expandindo e que novas obrigatoriedades são criadas. A segurança pública não é considerada despesa obrigatória, apesar da prioridade a ela atribuída pela população.

Na impossibilidade ou na falta de interesse em mudar essa situação, o desequilíbrio entre a alocação dos recursos orçamentários, que se faz com base no critério da obrigatoriedade, e a alocação que deveria obedecer a critérios de prioridade só tende a crescer.

CAPÍTULO III

De volta para o futuro —
é preciso recuar para tomar o
caminho certo e seguir em frente

1. Ajustes e reformas: o caso brasileiro à luz de experiências internacionais

Em recente estudo apresentado na 36ª reunião anual de oficiais orçamentários de alto nível dos países-membros da OECD, Marc Robinson (2015) chamou atenção para os novos desafios que a crise financeira global traz para a realização de reformas orçamentárias que tenham o objetivo de corrigir desequilíbrios estruturais nas contas públicas. Nessa linha, ele argumenta que, em face de o cenário orçamentário posterior à crise financeira global ter passado por uma radical mudança, seria necessário, agora, mudar os rumos adotados por reformas orçamentárias promovidas no período anterior a essa crise.

Sua proposta assenta-se no argumento de que os baixos índices de crescimento que marcaram o período posterior à crise não são um fenômeno cíclico e sim algo que deverá perdurar, tornando difícil controlar déficits e reduzir a dívida pública devido ao baixo crescimento das receitas governamentais. A isso se soma o fato de que, na maioria dos países-membros da OECD, as pressões exercidas pelo regime previdenciário e o efeito potencial de aumento nas taxas de juros com altos níveis de endividamento público nas despesas financeiras tornarão as finanças públicas insustentáveis no longo prazo.

Desse diagnóstico decorre a observação de que será necessário promover a consolidação fiscal com foco na despesa. Com poucas exceções que ele cita, a exemplo dos Estados Unidos e do Reino Unido, não seria possível acreditar que os problemas poderiam ser resolvidos mediante aumentos substanciais de tributos, dado que o espaço para recorrer a essa opção seria nulo ou muito limitado.

A mudança de direção que ele propõe consiste em dar a devida atenção agora à necessidade de rever as prioridades de gasto, que teriam ficado em segundo plano nas reformas orçamentárias que privilegiaram os objetivos de promover a eficiência e a efetividade da despesa, na linha das recomendações resumidas na frase (mais valor pelo seu dinheiro — VFM na língua inglesa).

A ênfase na revisão das prioridades de gasto requer uma estratégia diferente das adotadas em reformas anteriores, que tinham como propósito promover ou preservar a disciplina fiscal por meio da centralização das decisões orçamentárias (*top down budgeting*). No entanto, o que vem sendo feito agora nesse campo tem se resumido a reproduzir, de forma mais dura, o que vinha sendo feito anteriormente, com ênfase no reforço das regras fiscais, na adoção de tetos para as despesas e na promoção da transparência fiscal. No novo contexto em que um programa de consolidação fiscal precisa ser adotado, não basta questionar a adequação desses instrumentos, é necessário rever a direção a ser tomada na promoção de reformas orçamentárias.

A necessidade de investir na melhoria de mecanismos que contribuam para a revisão cuidadosa e sistemática das prioridades de gastos seria, na opinião do autor, objeto de virtual unanimidade, dada a limitação dos recursos, o que desperta o desejo de construir instituições e processos capazes de promover a realocação de despesas, incluindo a revisão de programas em andamento. A realocação de recursos torna-se importante para conter o crescimento dos gastos e sustentar a disciplina fiscal num contexto de baixo crescimento das receitas.

A redefinição de prioridades a que se refere Robinson é distinta de práticas do passado, que se limitaram a rever prioridades para a ocupação de novo espaço fiscal criado por aumento de receitas.[25] Ela implica uma revisão das prioridades orçamentárias como um todo, muito na linha que foi proposto em livro recente, que defende a aplicação dessa estratégia ao caso brasileiro (Rezende, 2015).

Outro ponto destacado por ele é que, ao desconsiderar a realocação das despesas orçamentárias, muitas das reformas do passado acabaram contribuindo para reduzir a capacidade e os governos adotarem medidas nessa direção. Mas a principal limitação não foi a inexistência de mecanismos para seguir essa linha e sim a falta de vontade para adotar esse caminho.

E essa falta de vontade decorre, como no caso brasileiro, do fato de que a revisão de prioridades para proceder a uma realocação de despesas é uma tarefa que exige o enfrentamento de fortes interesses que conquistaram espaços privilegiados no orçamento e, portanto, demanda vontade política e empenho de uma liderança dotada de condições propícias para conduzir esse processo. Trata-se, portanto, de rever escolhas políticas, que nem sempre são sensíveis a proposições racionais, cabendo às lideranças de um processo de reforma orçamentária que vise a realocação de despesas expor os conflitos de interesses entre os principais beneficiários do *status quo* e apresentar as opções que precisam ser consideradas por aqueles a quem cabe a responsabilidade por decidir.

Um importante instrumento, para expor as contradições existentes e deixar claro a importância de promover reformas que focalizem a realocação de despesas, é a realização de uma ampla e detalhada revisão das despesas orçamentárias baseada numa visão multidisciplinar de todas as questões que precisam fazer parte do menu de opções a ser oferecido ao debate político. Não se tem notícia de que qualquer coisa semelhante a isso tenha sido feita no Brasil nos quase 200 anos de existência da nação brasileira. Está na hora de empreender essa tarefa.

Destaca-se, nas recomendações que Robinson faz com respeito ao que deveria ser feito quando o propósito é promover a consoli-

---

[25] Ele cita os casos do Reino Unido e do Canadá como exemplos dessa opção.

dação fiscal, a necessidade de ter em conta as limitações dos tradicionais instrumentos aplicados em momentos de crise para ajustar as contas públicas, a exemplo da adoção de regras fiscais rigorosas, da promoção da transparência e da instituição de conselhos fiscais independentes.

Uma visão crítica das experiências de reforma orçamentária empreendidas por 11 países-membros da OECD[26] também é esposada por John Wanna (2010), que destaca três dimensões que parecem dividir a natureza das reformas empreendidas por esses países: a ênfase atribuída em cada caso à abrangência das propostas, à velocidade das mudanças e aos temas abordados. Quatro dos países estudados (Austrália, Nova Zelândia, Holanda e Coreia) promoveram mudanças abrangentes e simultâneas, buscando resultados rápidos de uma só vez. Enquanto cinco do grupo por ele examinado (Canadá, Dinamarca, Japão, Itália e Estados Unidos) seguiram um caminho diferente, optando por propostas ambiciosas, mas conduzidas a um ritmo mais lento. No balanço que faz dessas experiências, ele busca se distanciar daqueles que adotam uma posição triunfalista, não admitindo a ocorrência de fracassos e não revelando questões difíceis que teriam sido evitadas ou postas de lado.

A narrativa desse balanço divide-se em seis tópicos, adiante abordados:

a) A racionalidade e as trajetórias das reformas adotadas em cada caso;
b) Os fatos que detonaram e deram suporte ao movimento de reforma em cada caso;
c) A natureza, a escala das reformas;
d) A ocorrência de abordagens e caminhos similares;
e) As evidências de divergências nas práticas adotadas;

---

[26] Estados Unidos, Reino Unido, Austrália, Canadá, Nova Zelândia, Japão, Coreia, Dinamarca, Holanda, Espanha e Itália.

f) A identificação do impacto das reformas na política orçamentária, no padrão de atuação do legislativo e na participação do público.

1.1 Racionalidade e trajetórias

A esse respeito, ele destaca duas principais motivações para os países que tomaram a decisão de abraçar a reforma orçamentária: impor a disciplina fiscal visando eliminar os desequilíbrios estruturais nas contas públicas; e melhorar a gestão dos recursos em todo o setor público. A ênfase atribuída a uma ou outra dessas questões difere na prática. Nos Estados Unidos e de certo modo também na Itália e na Espanha, o foco teria sido na gestão para melhorar a performance nas organizações, ao passo que no Reio Unido, Coreia, Dinamarca, Holanda e Japão (neste último caso sem muito sucesso) o equilíbrio fiscal foi o fator dominante.

Dois casos, Canadá e Espanha, teriam mudado de posição enfatizando ora uma ora outra questão na busca por estabilidade orçamentária. De outra parte, Austrália e Nova Zelândia buscaram tratar das duas questões simultaneamente e por períodos curtos. Dessa mistura de abordagens emerge a escolha que os governos são forçados a fazer: concentrar esforços na imposição da disciplina fiscal ou na reforma da gestão pública, dado o fato de que usualmente não são bem-sucedidos em sustentar ambos por um longo período de tempo.

Na linha do que foi destacado por Marc Robinson, nos casos por ele estudados, uma menor atenção foi dada à realocação de recursos, que é reconhecidamente uma medida mais difícil de aplicar. Evidências de realocação, ou mesmo da intenção de fazê-lo, são virtualmente inexistentes e quando observadas tratam de aspectos menores e esporádicos (Canadá) ou mantidas escondidas (Nova Zelândia). Tampouco há fatos que demonstrem que os orçamentos estão se tornando mais permeáveis às prioridades políticas, uma questão que também não esteve presente nas intenções de reforma, se não por outra razão porque em alguns países cerca de 80% dos recursos estão comprometidos.

1.2 Detonadores e catalisadores da reforma

Três situações são destacadas como fatores propulsores de reformas orçamentárias nos 11 casos estudados: a percepção da crise e da urgência gerada pelas circunstâncias; a imposição de regras e de requerimentos aos governos nacionais; e mudanças na natureza do problema orçamentário.

A maioria das iniciativas de reforma foi impulsionada por um sentimento de crise e de urgência. Esse fato foi dominante na adoção de reformas ambiciosas adotadas por Japão, Canadá, Holanda, Nova Zelândia e Reino Unido, mas menos importante na Espanha, Dinamarca, Coreia e Austrália. De outra parte, Estados Unidos e Itália têm enfrentado crises fiscais fortes, mas não foram capazes de usar esse fato para promover reformas significativas nos respectivos processos orçamentários. Uma atitude usual, quando a crise torna urgente a necessidade de promover o ajuste, é concentrar poderes no tocante a decisões orçamentárias no presidente, no primeiro-ministro, ou ainda no ministro das Finanças, especialmente em regimes parlamentaristas.[27] Mas historicamente a dificuldade tem sido impor ou sustentar a disciplina fiscal quando a crise arrefece.

A imposição de regras internacionais tem sido outro importante catalisador de mudanças no orçamento, especialmente na Europa no âmbito do acordo de Maastrich (1991), do Pacto de Estabilidade e Crescimento (1997) e das normas adotadas para o ingresso e a permanência na União Monetária (1999). Espanha, Holanda, Dinamarca e Itália são exemplos de países que promoveram mudanças para se enquadrarem

---

[27] Jonh Wanna (2010) cita a esse respeito os casos do Canadá (no período Jean Chretien), do Reino Único (na época de Gordon Brown) e da Austrália (sob John Howard).

nessas regras, mas o efeito delas não se limitou aos países europeus, tendo influenciado também as providências adotadas pelo Reino Unido e pela Austrália. Novas pressões decorrentes do impacto da crise financeira global deverão conduzir a novas imposições, como o caso da Grécia tem demonstrado.

Um terceiro fator a ser considerado é a mudança de percepção com respeito à natureza do processo orçamentário. Nas décadas de 1980 e 1990, o principal problema nessa área nos países da OECD era equilibrar o orçamento mediante a contenção do crescimento das despesas, para alcançar o equilíbrio no curto prazo e abrir espaço para pequenos ganhos no médio prazo proporcionados por aumentos na arrecadação e crescimento da economia. No início deste novo século, o foco das atenções deslocou-se para as questões de longo prazo, relacionadas com o impacto das pressões demográficas (envelhecimento da população e custos crescentes da atenção à saúde). Todavia, muitas das reformas adotadas em resposta a essa questão não foram efetivas, pois a solução para esses problemas vai além de mudanças no processo orçamentário. Essa preocupação deverá crescer no futuro em face do impacto da crise financeira global.

1.3 Natureza e escala das reformas orçamentárias

O que caracteriza o padrão das reformas adotadas no passado é a alternância de períodos de uma intensa mobilização seguidos de estabilidade, ou mesmo de complacência. A maioria dos países buscou reformar componentes selecionados de seus orçamentos ou dos respectivos processos orçamentários. De modo geral, a imposição de regras para garantir o controle centralizado do processo orçamentário foi a norma e um dos instrumentos adotados para isso foi a adoção de planos orçamentários de médio prazo (*medium term expenditure frameworks*). A substituição da preocupação com os insumos por uma maior atenção aos resultados teria sido a principal mudança observada. Particularmente ausente nesses movimentos foi a preocupação com a realocação dos recursos para conter a tendência de crescimento dos gastos que decorre da expansão das despesas sociais.

Iniciativas na área de comunicação para mudar a cultura e as atitudes que prevalecem, buscando impor a disciplina fiscal e adotar métodos para melhorar a eficiência da gestão financeira do setor público, não lograram sucesso, especialmente na sociedade que continua vendo no Estado um provedor de última instância, ou até mesmo de primeira.

1.4 Caminhos e abordagens comuns

Um traço comum teria sido a integração dos sistemas orçamentários aos processos que tratam das políticas e do planejamento governamental. Adicionalmente, os governos ampliaram consideravelmente sua capacidade de processar informações e de implantar sistemas de informações financeiras, que permitem identificar a cada momento variações na execução de despesas ou nas previsões de arrecadação e viabilizam realizar ajustamentos ao longo do período.

Outro traço comum foi a tendência a fazer apresentação do orçamento ser acompanhada dos resultados esperados e dos respectivos produtos, mas essa orientação não teria sido incorporada ao processo de formulação. Assim, a despeito da ênfase dada a resultados na apresentação, seriam frágeis as evidências de que os governos estariam usando informações sobre performance ou resultados de avaliações para orientar a alocação de recursos. A orientação para resultados não teria reforçado as frágeis conexões entre a performance e os orçamentos.

1.5 Práticas divergentes

Uma importante divergência apontada por John Wanna é a opção adotada para encaminhar a reforma. Uns optaram por adotar um novo estatuto (Nova Zelândia, Estados Unidos, Espanha e Itália), enquanto outros optaram por seguir caminhos traçados pelo Poder Executivo (Austrália, Canadá, Reino Unido, Holanda, Dinamarca e Coreia). Em uns casos talvez por desconfiança e em outros por incerteza.

Outra divergência importante foi o papel que a redução da dívida pública teve nas experiências analisadas. Esse papel ocupou uma posição central em quase todos os casos, com exceção do Japão, da Itália e também dos Estados Unidos. Os que enfatizaram essa questão viram suas dívidas recuarem significativamente como porcentagem do PIB por duas décadas (de 1988 a 2007). De outra parte, a entrega a organizações privadas da responsabilidade pela prestação de serviços públicos, perseguida com entusiasmo no Reino Unido e na Nova Zelândia, não ganhou maior adesão nos demais países.

1.6 A política orçamentária e a atuação do Legislativo

A política orçamentária, que teve um papel destacado no passado na maioria dos países da OECD, deixou de ter papel central desde meados da década de 1990. E no contexto da crise financeira global de 2008-09 a economia, mais do que a política, tem sido o foco principal da atenção dos governantes.

A despolitização do orçamento decorre do fato de que há muito pouco espaço para briga e um forte apoio bipartidário para manter o *status quo*. Cada vez mais, grandes porções da despesa são não discricionárias e crescem de forma automática. A principal exceção a essa situação é dada pelos Estados Unidos, onde o crescimento do déficit e da dívida é objeto de uma feroz luta partidária.

Apesar das diferenças apontadas, Wanna destaca que a maioria das reformas adotadas foi especialmente desenhada para atender aos reclamos da disciplina fiscal e da geração de superávits. Na esteira dos novos desafios impostos pela crise financeira, elas precisarão provar sua capacidade de sustentar os mesmos resultados.

Apesar das diferenças de abordagem e de práticas adotadas para enfrentar os desafios impostos pelo impacto da crise econômica nos orçamentos, um fator que se destaca na análise das experiências internacionais é a necessidade de adotar medidas capazes de corrigir os desequilíbrios estruturais das contas públicas, de modo a promover a consolidação fiscal e não apenas promover ajustes pontuais que são insuficientes para dar conta do problema.

2. A reforma necessária no Brasil: como recuperar a essência do orçamento: o que vem sendo insistentemente recomendado nos estudos desenvolvidos pelo Cefis

Os primeiros trabalhos desenvolvidos na Ebape sobre o orçamento público buscaram explorar as distintas perspectivas sob as quais os problemas orçamentários devem ser observados — a macroeconômica, a política, a federativa, a institucional e a gerencial — numa abordagem multidisciplinar que é essencial para a adequada compreensão das múltiplas faces do problema fiscal brasileiro.

Os resultados dos trabalhos realizados nesse período deram origem a quatro livros, todos publicados pela Editora FGV.[28] Em todos eles, as questões que ora ressurgem no debate sobre as propostas do orçamento federal para 2016 e do PPA para 2016-19 já estavam presentes e sua solução demandava uma mudança de atitude na forma como os problemas fiscais vêm sendo tratados.

A falta de interesse do cidadão no orçamento, motivada pelo hermetismo da linguagem orçamentária e pela disseminação da ideia de que ele não tem qualquer importância (é uma peça de ficção), concentrou a atenção dos trabalhos que deram origem ao primeiro volume, no qual algumas explicações para essa atitude foram exploradas. A virtual inexistência de espaço para rever escolhas sobre a destinação dos recursos

---

[28] Rezende e Cunha (2002, 2003, 2005) e Rezende, Oliveira e Araujo (2007).

que compõem o orçamento é uma delas. Segundo os números reunidos naquela época, apenas cerca de 10% do espaço orçamentário não estavam previamente comprometidos em razão de determinações legais, não incluindo nessa conta o mínimo necessário para manter a máquina pública funcionando.

O tema voltou à tona no trabalho seguinte, publicado em 2003, que buscou analisar eventuais mudanças nessa situação em decorrência da transição política inaugurada com a vitória das oposições nas eleições presidenciais de 2002. Em tese, os eleitores que contribuíram para essa vitória almejavam mudanças, mas isso não pôde ser constatado. Tanto o orçamento para 2003 quanto a proposta orçamentária para 2004, que poderiam ser chamados de "orçamentos de transição", mostraram que a alternância do poder político não foi capaz de alterar a realidade orçamentária, a não ser marginalmente, e a explicação para isso reside em seu engessamento. A opção então adotada por uma saída mais fácil para lidar com esse problema se revela nos dados que mostram o aumento na carga tributária, que passou de cerca de 25% do PIB, em meados da década de 1980, para cerca de 35% do PIB, em 2002, sem que tivesse ocorrido qualquer redução no grau de engessamento das decisões orçamentárias.

A análise desse fato foi aprofundada no terceiro livro, publicado em 2005 e intitulado *Disciplina fiscal e qualidade do gasto público: fundamentos da reforma orçamentária*, que destacou as consequências da rigidez orçamentária e das medidas adotadas para contornar seus efeitos para a qualidade da gestão pública, especialmente em razão das incertezas que acometem os gestores das políticas públicas decorrentes do modelo adotado para controlar a execução das despesas.

Todo o trabalho feito na primeira metade da década de 2000 orientou o aprofundamento das análises e a busca de maiores informações para defender a tese de que o encaminhamento de soluções para os problemas fiscais dependia de uma ampla reforma e não de remendos. No livro publicado em 2007 e intitulado *O dilema fiscal: remendar ou reformar*, essa tese foi exaustivamente analisada, pois já estava claro que a situação era insustentável e que seria necessário tomar medidas duras para corrigir os desequilíbrios então constatados.

A recomendação feita naquele momento, com respeito à necessidade de ser promovida uma reforma fiscal abrangente, apoiava-se na exposição das múltiplas faces do problema fiscal brasileiro, que foram se conformando em razão de consequências não previstas das decisões adotadas durante o processo de elaboração da Constituição de 1998. Não obstante a multiplicidade apontada, a adoção do caminho então sugerido foi posta de lado, sempre apoiada no argumento da inexistência de viabilidade política para seguir essa rota. Essa posição vem se repetindo ao longo do tempo, não sendo diferente do que ocorre atualmente. Mas como foi destacado no livro anteriormente referido, a principal dificuldade para dar a partida nessa direção é a falta de disposição para enfrentá-la.

Em defesa da afirmação anterior, o livro em tela faz um paralelo com o que ocorria por ocasião do que precisava ser feito para interromper uma longa história de convivência com taxas elevadas de inflação. Só após inúmeros fracassos e ante a ameaça de perda do controle e de instauração de um processo hiperinflacionário é que foi possível adotar o Plano Real. Na época, havia entendimento entre os especialistas com respeito ao fato de que o Plano Real precisava ser acompanhado de uma reforma fiscal, mas perdeu-se a oportunidade de fazê-lo, adotando-se, como sempre, a opção mais fácil de equacionar o problema por meio do aumento da carga tributária. Para evitar que isso se repetisse no futuro, o livro em tela propunha que o conteúdo de uma reforma abrangente fosse objeto de um Plano Fiscal.

Sem usar esse título, a necessidade de que a solução para os problemas fiscais, que foram se acumulando por mais de duas décadas, depende de uma reforma abrangente, ancorada na modernização do processo orçamentário, ganhou destaque nos dois volumes publicados sobre o tema da reforma esquecida (Rezende e Cunha, 2013, 2014). No primeiro volume, publicado em 2013, as distorções do processo orçamentário são exploradas em profundidade, adicionando novos fatos que mostram como a não atenção aos problemas apontados anteriormente foi se agravando.

A partição do Estado brasileiro, retratada no orçamento, dividiu os cidadãos em dois grupos: os que contribuem e têm acesso garantido a uma parcela do orçamento bem maior do que aquela correspondente ao volume de suas contribuições, e aqueles que foram sendo progressivamente expulsos do espaço orçamentário, apesar de contribuírem expressivamente para o seu financiamento. Nesse processo, o Estado brasileiro deixou de ser capaz de garantir a isonomia de oportunidades sociais a todos os cidadãos que dependem do acesso a serviços públicos de qualidade para obter essa condição. As razões para isso são as mesmas expostas nos trabalhos anteriores, com uma única diferença: a de que ficaram ainda mais acentuadas. A rigidez orçamentária, que não recuou apesar de um ciclo econômico favorável na segunda metade da década de 2000, e a ampliação das medidas adotadas para lidar com ela (crescimento dos Restos a Pagar, ampliação do contingenciamento, e recurso a receitas extraordinárias e ao endividamento).

Retomando as recomendações anteriores com respeito à necessidade de elaborar um plano fiscal para avançar no rumo de uma reforma abrangente, o livro em tela chama atenção para mudanças que tratem de recompor os elementos que formam a essência de um orçamento de qualidade, como a credibilidade e a previsibilidade, destacando a necessidade de que a população compreenda a importância do orçamento para que a questão das prioridades ganhe espaço na agenda nacional.

O segundo volume, que aborda a reforma esquecida, destaca as consequências do não enfrentamento da reforma do processo orçamentário. A continuidade de medidas pontuais e o reforço das práticas adotadas para manter a situação sob um controle aparente levaram à formação de uma armadilha fiscal de baixo crescimento, que se manifesta da seguinte maneira: ao apoiar-se no aumento da carga tributária para sustentar o equilíbrio macroeconômico, o país inibiu os investimentos privados e comprometeu a competitividade da economia, ao mesmo tempo que encolheu o espaço orçamentário para sustentar os investimentos públicos. Adicionalmente, a destruição do processo orçamentário inviabilizou qualquer medida séria para melhorar a qualidade da gestão pública e a eficiência dos serviços prestados à população, inclusive pelo aumento dos desequilíbrios federativos em face do avanço na descentralização da gestão dos serviços sociais.

Como subsídio ao debate sobre o caso brasileiro, o livro *A reforma esquecida II* destaca os seguintes traços que marcaram algumas experiências internacionais de reformas orçamentárias:

- Adotar visão estratégica na alocação de recursos e alargar o horizonte das decisões orçamentárias.
- Introduzir o compromisso com resultados e dar transparência ao processo orçamentário.
- Criar condições para a responsabilização das autoridades públicas e de gestores setoriais, por meio da fungibilidade das verbas e de liberdade na execução do gasto, de modo a assegurar o compromisso dos políticos com o orçamento e com a execução orçamentária.

Ao destacar os pontos anteriores, esse livro buscou chamar atenção para questões relevantes e não para extrair lições de reformas feitas em contextos políticos, econômicos, institucionais e culturais distintos, cujas particularidades facilitam ou criam limitações a reformas abrangentes, como se verifica no Brasil.

A dimensão política da despesa pública e do processo orçamentário foi o tema principal do mais recente livro dessa série, de minha autoria, publicado em 2015 sob o título *A política e a economia da despesa pública*. A escolha desse tema se apoiou no fato de que os debates sobre os problemas fiscais no Brasil ficaram aprisionados nos estreitos limites de análises técnicas, não dando a devida atenção à natureza política das escolhas orçamentárias e sua repercussão no comportamento das despesas públicas.

A explicação para isso repousa no fato de que a política da despesa pública não é explicitamente tratada no processo de elaboração e aprovação do orçamento, e sim em momentos anteriores a ele e de forma fragmentada. Ao fazer uma reconstituição histórica de escolhas políticas que conduziram a uma progressiva e crescente acumulação de direitos pré-assegurados sobre o espaço orçamentário, esse livro destaca as consequências da não revisão periódica dessas escolhas, para permitir que o orçamento fosse se ajustando a mudanças nas prioridades decorrentes da dinâmica socioeconômica e demográfica e seus reflexos nas demandas da sociedade. Os principais resultados disso são o aumento de pressões e o agravamento de conflitos, que se manifestam com intensidade nos momentos em que o ciclo econômico é desfavorável, mas que não são solucionados quando a economia exibe melhores resultados. Mudanças nas regras do jogo orçamentário são recomendadas para mudar essa situação.

3. O traçado de um novo caminho para recuperar a essência do orçamento

Os problemas que estamos discutindo hoje não são recentes e nem resultam de uma conjuntura econômica adversa, conforme foi exaustivamente demonstrado nos trabalhos que foram brevemente relatados na seção anterior.

Ao longo dos muitos anos em que a importância do orçamento foi ignorada, a essência do orçamento deixou de ser apreciada. Perdeu o equilíbrio, a consistência e a estabilidade. O momento parece oferecer uma boa oportunidade para adotar um novo caminho que conduza à sua recuperação.

Um passo inicial nessa direção demanda apreciar a proposta orçamentária de um ângulo diverso daquele que focaliza a distinção entre o obrigatório e o discricionário, conforme foi destacado no capítulo II. Por essa ótica, conclui-se que é praticamente inexistente o espaço para promover o ajuste fiscal via corte de despesas, sendo necessário, portanto, aumentar os impostos. De um novo ângulo, rompe-se a linha que divide o que pode e o que não pode ser cortado.

3.1 A novilíngua orçamentária: onde foi parar a transparência?

A nomenclatura atualmente utilizada para classificar as despesas públicas, abordada no capítulo anterior, se especializou em esconder os problemas que precisam ser compreendidos pela sociedade, ajudando a evitar um debate sobre as prioridades a serem adotadas na apropriação dos recursos públicos.

Ao dividir as despesas em duas categorias principais — obrigatórias e discricionárias —, o governo interditou um debate sobre a necessidade de rever prioridades. Para isso também contribuiu o empobrecimento das discussões sobre os problemas fiscais do país, cujo foco se concentrou no tamanho da meta para o superávit primário que seria necessário para manter o controle sobre a dívida pública, e sobre as dificuldades para alcançar o número necessário sem avançar na reforma do regime de previdência social.

O enfoque predominantemente macroeconômico que presidiu esse debate nos últimos 25 anos não facilitou a exposição de outras visões do problema, especialmente aquelas que poderiam surgir de uma análise política que confrontasse prioridades no uso dos recursos orçamentários. O congelamento das prioridades, com base em decisões incorporadas ao texto constitucional de 1988, clama por revisão.

Uma frase curta pode resumir o espírito da época. Amplos direitos, poucos deveres e recursos limitados. Por detrás dessa frase, estava a intenção de dar concretude a direitos universais decorrentes da cidadania, mas já naquele momento foi plantada a semente de que isso não seria bem assim. Como na fábula de George Orwell, alguns dos detentores desses direitos seriam mais iguais do que outros.

A medida mais importante para consagrar essa distinção foi a criação da seguridade social e de um regime próprio de financiamento para os incluídos nessa categoria. Naquele momento, esses obtiveram a garantia de que seus direitos seriam atendidos, pois não estariam sujeitos a dividir sua fatia no bolo tributário com todos aqueles que não integravam esse seleto grupo.

As implicações desse fato já foram exaustivamente analisadas,[29] mas a pergunta que não quer calar é por que o assunto não ganhou a devida repercussão para provocar um debate sobre a revisão das prioridades orçamentárias.

Em que medida as dificuldades de financiamento da saúde refletem a expansão das despesas da previdência e dos programas de assistência social? Por que os interesses que defendem os recursos para a saúde optaram por excluir os gastos em saneamento das aplicações que podem ser consideradas para o cumprimento das vinculações constitucionais, ignorando o ressurgimento de doenças associadas à falta de saneamento básico? Por que a sociedade que clama por ações mais efetivas para reduzir a criminalidade e melhorar as condições da vida urbana não atenta para o fato de que sem enfrentar esse debate não há possibilidade de mudar a situação vigente? O que restou do alegado compromisso do Estado com a transparência fiscal?

Um passo importante para mudar esse quadro seria dar clareza às informações sobre a destinação dos recursos que compõem o orçamento público, que ficou comprometido com a mencionada divisão das despesas em dois grupos: obrigatórias e discricionárias. É preciso dar informações claras sobre a finalidade do gasto e não se limitar a dizer que ele não pode ser cortado porque está protegido por uma norma constitucional ou por uma determinada lei. Explicitar quem está sendo beneficiado pelos recursos aplicados e qual o impacto que gera na sociedade. Importa, ainda, indagar em que medida a repartição dos recursos disponíveis contribui para o equilíbrio entre as prioridades do momento e as necessidades do futuro, isto é, evitar que o foco exclusivo no curto prazo comprometa as possibilidades de sustentar um crescimento econômico que viabilize novos avanços no campo social.

---

[29] Consultar, por exemplo, Rezende (2013a) e Rezende (2012).

3.2 A contribuição de uma *spending review* para um debate sobre a revisão das prioridades públicas

O instrumento que vem sendo universalmente utilizado para fornecer respostas às questões abordadas no parágrafo anterior é a realização de uma ampla revisão das despesas públicas. Essa revisão, que o Reino Unido desenvolveu em caráter pioneiro, alcançou outros países da comunidade britânica e tem sido o meio utilizado pelos países da União Europeia para desenvolver programas de consolidação fiscal, com o propósito de corrigir os desequilíbrios estruturais nas contas públicas e contribuir para a solução dos problemas econômicos decorrentes da crise de 2008.

Esse ponto foi destacado na palestra realizada pelo diretor adjunto da unidade orçamentária da OECD, no seminário internacional realizado nos dias 19 e 20 de outubro de 2015 na Fundação Getulio Vargas (Downes, 2015). Na sua palestra, ele chamou atenção para o fato de que mais da metade dos países do bloco já realizou estudos dessa natureza, ou planeja fazê-lo brevemente, o que transforma esse instrumento em uma ferramenta-padrão para avanços no rumo da consolidação fiscal.

Nada parecido com um estudo dessa ordem foi feito no Brasil e estaria na hora de tomar uma iniciativa para isso.[30] A experiência acumulada pelos técnicos da OECD oferece uma oportunidade para compor uma parceria com essa instituição para desenvolver um estudo nessa linha, para a qual a FGV tem todas as credenciais necessárias de conhecimento técnico, independência de opiniões e boas relações com os governos.

Algumas observações adicionais sobre a natureza de uma *spending review* são importantes para destacar a contribuição que esse trabalho poderia dar para apoiar as reformas necessárias no Brasil. Em primeiro lugar, não se trata de uma mera análise de como se distribuem as despesas e sua variação ao longo do tempo. A finalidade dessa ferramenta

---

[30] Uma parte importante de um trabalho dessa natureza é a compilação de dados consolidados sobre a composição das despesas do setor público. Nessa linha, a atualização de um trabalho publicado pelo Ipea no início dos anos 1970 (Rezende, 1972) pode ser útil.

também não se restringe a identificar onde cortar despesas em tempos de crise. Mais do que isso, é uma ferramenta importante para ajudar os governos a reavaliar as prioridades na alocação dos recursos, de modo a aumentar a eficiência da despesa e ajudar a abrir espaço fiscal para acomodar novas prioridades. Por isso, não deve ser vista como algo a ser utilizado apenas em momentos de dificuldade e sim tornar-se parte permanente do processo orçamentário.

Para tanto, é importante dedicar atenção ao modelo a ser adotado, buscando por meio da observação de práticas recentes identificar aspectos positivos e negativos de cada uma, pois a escolha do modelo depende das particularidades de cada caso e do que se pretende extrair do trabalho a ser feito.

Em nota recente sobre o tema, a OECD menciona algumas questões que deveriam ser consideradas no desenho do modelo a ser adotado em cada país, entre elas:[31]

- A definição do foco do trabalho, se dirigido para ganhos de eficiência, aperfeiçoamento da estratégia, ou para ambos (a experiência indica que o foco exclusivo na eficiência não traz economias significativas).
- A escolha do objeto da análise: todas as despesas orçamentárias, itens específicos, como previdência social e saúde, benefícios fiscais, ou uma combinação dessas opções?
- A abrangência da revisão, se orientada para ser seletiva, isto é, limitada a uma lista de tópicos, ou compreensiva (revisões abrangentes geram maiores economias, mas demandam maiores recursos para serem feitas).
- A escolha do procedimento a ser adotado: definir um termo de referência padrão, incluindo as questões a serem observadas na identificação de economias estratégicas, ou estabelecer critérios a serem observados na busca dessas economias; definir também se haverá metas preestabelecidas a esse respeito.

---

[31] Para detalhes, consultar OECD (2015).

- A definição do papel que atores relevantes (lideranças políticas, dirigentes públicos e outros) deverão desempenhar em distintas etapas do processo.
- Uma análise detalhada das bases de dados disponíveis, particularmente no que se refere a indicadores de eficiência e de performance, tendo em vista que a experiência indica que informações a respeito nem sempre estão disponíveis ou são de boa qualidade.

A nota em tela menciona algumas experiências nessa área que podem servir de referência para o desenho de um trabalho dessa natureza a ser feito no Brasil e menciona a possibilidade de a OECD oferecer assistência técnica na preparação desse trabalho, aproveitando a experiência que acumulou nesse campo nos últimos anos.

CAPÍTULO IV
O ajuste fiscal e as reformas essenciais

1. Ajuste e reformas: a ausência de rumo

A ausência de rumo é a consequência da inexistência de uma estratégia. O foco exclusivo numa meta para o superávit primário é a principal evidência desse fato. Dada a meta, tudo se resume em uma aritmética simples de fazer, de fácil entendimento, mas difícil de fazer acontecer. A conta se resume a ver o que seria necessário cortar nos gastos, avaliar o que de fato pode ser conseguido para em seguida fechar o buraco com o aumento de receita.

Esta abordagem tem pelo menos três deficiências:
a) A limitação da meta
b) A miopia da abordagem
c) Os vícios que acarreta

A limitação da meta é a contrapartida da sua facilidade. Ao dirigir as atenções para o resultado medido pelo critério de caixa, ela ignora os desequilíbrios financeiros e pode engendrar um círculo vicioso, mediante o qual a fuga pelo endividamento leva a um aumento dos juros, que demanda maiores superávits primários para pagar o serviço da dívida e evitar a instauração de uma trajetória explosiva de endividamento.

A miopia da meta refere-se ao alcance de sua visão. Ao estabelecer o resultado que deve ser alcançado ao final do exercício financeiro, o jogo começa pelo final, não dispensando a devida atenção ao que precisa ser corrigido no processo para que a meta seja viável e evitar que as medidas que forem adotadas para atendê-la aumentem ainda mais as distorções do processo orçamentário. Ao deixar de lado o processo, o modelo abandona qualquer preocupação com a necessidade de melhorar a qualidade da gestão pública e a eficiência do gasto, o que deveria ser uma das preocupações centrais de um programa de ajuste fiscal.

A acumulação de vícios é tanto maior quanto maior for o tempo em que esse modelo for adotado. Vícios enraizados têm alto custo para serem abandonados, e, como diz o velho ditado popular, o uso do cachimbo torna a boca torta.

Após quase duas décadas de uso, o Brasil acumulou todos os vícios possíveis. Transfere despesas para o exercício seguinte para cumprir formalmente a meta; adota manobras contábeis para esconder despesas; ignora compromissos futuros gerados por decisões adotadas no presente; e recorre a bancos oficiais para transformar despesas correntes em endividamento. Ademais, o modelo não gera incentivo a provisionar recursos para cobrir os passivos que vão se acumulando.

Essas três deficiências do modelo também comprometem avanços em outros campos da política fiscal que se conectam à execução da despesa, com destaque para os seguintes:

a) O tributário
b) O federativo
c) O político

No tocante à tributação, as coisas se invertem. Dada a meta estabelecida e conhecido o que será possível obter via contenção de gastos, a única opção é aumentar os tributos, quase sempre aqueles de pior qualidade que são mais fáceis de arrecadar e geram menor resistência política. Nesse processo, acumulam-se as resistências ao corte de despesas e o tamanho da carga tributária só tende a crescer. Como é sabido, quando os benefícios são localizados e os custos são difusos, a resistência em mexer nos direitos adquiridos é grande.

Numa federação, a meta fiscal demanda que os entes federados se comprometam com uma meta nacional, mediante acordo ou imposição. Desde meados da década de 1990, o cumprimento das metas fiscais dos estados e municípios ficou atrelado aos contratos de renegociação das dívidas dos entes federados com o governo federal, que estabeleceram a possibilidade de sequestro das transferências constitucionais, caso o pagamento das parcelas relativas às dívidas renegociadas não fosse honrado. Essa condição deu à União condições para fixar as metas de estados e municípios, mas as dificuldades financeiras atuais levantam dúvidas sobre a capacidade de manter essa situação num contexto em que a base das transferências encolheu e a lei que altera os parâmetros estabelecidos à época já foi aprovada.

A aprovação da lei que alterou os parâmetros para o pagamento das dívidas de estados e municípios com a União exigirá a revisão dos termos dos contratos assinados à época, o que em princípio não implica alterar as cláusulas que determinam o sequestro das transferências em caso de inadimplência, mas a realidade orçamentária dos estados e dos municípios que respondem pela quase totalidade dos débitos renegociados cria uma situação que deverá dificultar a aplicação dessa medida, ainda mais quando ela acarretar a inviabilidade de os entes federados sustentarem as políticas sociais cuja gestão foi descentralizada.

Na ausência de condições para o governo federal contar com a contribuição de estados e municípios para cumprir as metas fiscais, torna-se necessário contar com a cooperação dos entes federados, o que no ambiente de conflitos que predomina no federalismo brasileiro é impossível de acontecer. Afora essa questão, à medida que governadores e prefeitos foram perdendo autonomia para decidir sobre seus orçamentos, em decorrência da centralização do poder, aumenta a dificuldade para cobrar deles o compromisso com a apresentação de melhores resultados fiscais, pois o desempenho dos encargos assumidos no campo da gestão de políticas nacionais fica na dependência da transferência de receitas controladas pela União.

Na esfera política, é grande a influência do que se passa no campo federativo. A importância das emendas parlamentares e demais transferências orçamentárias a estados e municípios nas negociações do governo com o parlamento criou uma nova restrição à contenção dos repasses feitos por meio de contratos e convênios. Qualquer iniciativa que vise segurar a liberação dos recursos repassados por meio de convênios que os entes federados assinam com o governo federal gera descontentamentos na chamada base aliada, que irá, portanto, posicionar-se contrariamente à votação de medidas de interesse do governo no Congresso, o que repercute na forma de menores condições para o Executivo conseguir a aprovação das medidas que considera necessárias para alcançar as metas fiscais.

Vale a pena explorar as questões anteriores à luz das dificuldades enfrentadas para implementar o ajuste fiscal que foi proposto pelo governo ao apagar das luzes do ano de 2014. A insatisfação que os parlamentares captam em suas bases eleitorais todo o final de semana, em parte agravada pela contenção dos repasses financeiros para programas urbanos e sociais, alimenta o clima de rejeição ao governo, contribuindo para aumentar as já fortes resistências impostas pela disputa política nacional. Ao longo dos últimos anos, o governo federal transferiu responsabilidades pela gestão dos serviços demandados pela população para estados e municípios, mas manteve o controle sobre os recursos financeiros. Quando o dinheiro não chega, governadores e prefeitos são responsabilizados pela situação.

Os benefícios políticos auferidos pela centralização do poder em tempos de bonança transformam-se em mais uma fonte de problemas em momentos de crise. Estados e municípios não podem ser responsabilizados pelo não cumprimento de metas nacionais, aumentando o ônus a ser suportado pelo governo central. Enfraquecidas politicamente, as autoridades federais não conseguem angariar o apoio dos representantes dos setores que lhes davam apoio nos momentos melhores, vendo suas propostas serem rejeitadas pelos membros que consideravam como parte da base parlamentar. Resta recorrer ao aumento de tributos para ver se conseguem fechar a conta.

O quadro descrito é representativo do que ocorreu com o ajuste fiscal proposto pelo governo. Na versão original, cerca de 40% da meta do primário seria coberta pela contenção de despesas e o restante pelo aumento da arrecadação. Poucos meses depois ficou claro que, se ainda houvesse a intenção de cumprir a meta original, seria necessário promover forte aumento na carga tributária.

2. O ajuste fiscal e o processo orçamentário

2.1 Para que serve a lei de diretrizes orçamentárias?

A oportunidade de inserir o ajuste fiscal no marco de um debate sobre a reforma do processo orçamentário não foi aproveitada. Um passo nessa direção poderia ter sido dado mediante uma radical mudança de atitude na preparação da lei de diretrizes orçamentárias, mas nada foi feito a esse respeito.

Afora uma maior aderência às previsões do mercado, com respeito aos parâmetros macroeconômicos utilizados nas previsões dos principais agregados orçamentários, o projeto que o Executivo enviou ao Congresso em abril de 2015, com as diretrizes orçamentárias para 2016, seguiu o modelo que vem sendo adotado praticamente desde que a primeira lei dessa espécie foi elaborada,[32] modelo esse que foi sendo progressivamente deturpado ao longo do tempo, ficando cada vez mais distante das intenções que levaram à adoção desse instrumento legal na Constituição de 1988.

Ao invés de definir diretrizes, a LDO entra cada vez mais nos detalhes da elaboração e da execução do orçamento, inclusive para estabelecer despesas que apesar de primárias não são computadas no cálculo do superávit, e para criar garantias de isenção ao contingenciamento.[33] A distância de uma lei de diretrizes pode ser medida pelo número de

---

[32] Lei nº 7.800, de 10 de julho de 1989, que trata da LDO para 1990.
[33] O Anexo II do PLDO relaciona 63 espécies de despesas que não poderão ser objeto de limitação de empenho por serem obrigações constitucionais ou legais da União.

artigos (128) distribuídos em 10 capítulos ao longo de 75 páginas, fora os anexos.

A descaracterização desse instrumento se reflete na indiferença com que o projeto é acolhido no Congresso. Afora o ritual de entrega ao presidente do Congresso, nada mais de importante ecoa na mídia. A tramitação do projeto estende-se muito além do prazo previsto para sua aprovação, podendo ocorrer a aprovação da lei orçamentária sem que a lei de diretrizes o tenha sido. Na prática, afora os penduricalhos inseridos nessa lei, ela se resume a cumprir a obrigação constitucional e sequer tem qualquer papel na posterior elaboração do projeto de lei para o orçamento do mesmo ano.

Não deveria ser assim. O debate sobre um projeto de diretrizes orçamentárias deveria ser o momento em que as prioridades com respeito à alocação de recursos públicos deveriam ser discutidas e o tamanho do orçamento fosse ajustado às limitações impostas pela necessidade de conter a expansão da carga tributária. Por se concentrar nos grandes números, e não nos detalhes, um debate dessa natureza poderia atrair a atenção da sociedade e suscitar uma readequação das escolhas orçamentárias, de modo a equilibrar a repartição dos benefícios em função das exigências do interesse social e do desenvolvimento do país.

Um debate dessa natureza é ainda mais importante em momentos de crise, quando a exigência de reduzir despesas implica a necessidade de contrapor escolhas orçamentárias do passado, que não mais se justificam por motivos demográficos ou econômicos, para abrir espaço ao atendimento de outras prioridades. A esse respeito cabe destacar, por exemplo, o espaço que as despesas com o pagamento de benefícios previdenciários ocupam no orçamento *vis-à-vis* as dificuldades enfrentadas para sustentar as despesas em saúde, bem como a virtual inexistência de espaço orçamentário para enfrentar os grandes problemas decorrentes da urbanização, como a segurança pública, o saneamento básico, o transporte coletivo e a habitação popular.

Numa situação como a que o Brasil está vivenciando, um projeto de lei de diretrizes orçamentárias deveria se concentrar na exposição de questões centrais que provocassem uma discussão sobre o que precisa ser feito para corrigir os desequilíbrios estruturais das contas públicas e não reproduzir o modelo que vem sendo adotado e transformar-se num manual de elaboração e execução do orçamento. Ao desviar-se do espírito que inspirou a proposta de elaboração dessa lei, não é motivo de surpresa o descaso a que ela é relegada.

3. O ajuste e a reforma tributária

Na ausência de um debate que deveria ocorrer por ocasião da análise das diretrizes orçamentárias, tendo em conta as limitações de recursos e as prioridades a serem atendidas, a fixação da meta fiscal transforma-se mais em uma manifestação de intenção do que em algo que encontrará condições de ser atendido. Daí a tendência a jogar a conta para os contribuintes por meio de mais uma rodada de aumento da carga tributária.

Para dourar a pílula, o anúncio de que será necessário aumentar impostos vem acompanhado da promessa de adotar medidas que há muito estão na pauta de uma reforma tributária de modo a compensar o aumento nos impostos com mudanças que reduzam a ineficiência econômica dos tributos e melhore a vida dos contribuintes. Não foi diferente desta vez, pois o que estava na pauta do que foi chamado de reforma tributária apenas repetia velhas recomendações a respeito e não era digno deste nome. Ele contemplava um caminho equivocado que, se avançasse, iria piorar a situação, ao invés de melhorá-la.

E o contexto em que se buscava retomar esse caminho apresentava ainda maiores perigos do que o que predominou em etapas anteriores. No centro das negociações estava de novo a velha proposta de encontrar solução para a guerra fiscal entre os estados, por meio da chamada convalidação dos benefícios já concedidos e da deflagração de um processo de redução gradual das alíquotas do ICMS aplicadas ao comércio interestadual. Essa seria a primeira etapa de um processo de mudanças que deveria evoluir na direção de dar ao ICMS o caráter de um verdadeiro imposto sobre o valor agregado.

Cogitava-se ainda no plano federal de seguir o mesmo caminho no caso do PIS/Cofins, com a adoção do regime de crédito financeiro para a apuração do imposto devido pelos contribuintes, além de outras medidas para simplificar a cobrança desse tributo, na linha das repetidas recomendações de especialistas na matéria.

Se o que se propunha era adotar o figurino recomendado, qual era o problema? O problema é que se buscava adotar esse figurino a tributos que há muito já se distanciaram do perfil para o qual ele foi desenhado. Nem o ICMS e nem o PIS/Cofins são espécies tributárias que podem ser classificadas no grupo dos tributos sobre o valor agregado, tantos são os regimes aplicados à sua administração. Portanto, ajustes pontuais que buscam encaixá-los nesse figurino não são suficientes para obter o resultado desejado e podem até acarretar problemas se não forem devidamente considerados.

Ademais, por que insistir em eleger o ICMS como o ponto de partida de um processo de reforma tributária? Naquele momento, a resposta apontaria para as dificuldades enfrentadas pelo governo federal com vistas a cumprir as metas fiscais para 2015 e para os dois anos subsequentes. Mas tem sido assim sempre quando o assunto é reforma tributária. Mesmo em períodos favoráveis, essa mesma tática tem sido adotada, sem chances de sucesso. Como ninguém parece querer enfrentar um debate sério sobre uma real reforma tributária, a insistência nesse caminho parece ser uma forma de manter o tema na agenda e adiar o encaminhamento de soluções.

Dessa vez, entretanto, o risco era maior. Aproveitando uma nova situação gerada pelo clima político reinante, alguns estados conseguiram aprovar no Senado Federal um projeto de lei complementar que quebra a unanimidade de votos no Confaz, que deixaria de ser exigida não apenas para convalidar o passado, como foi feito em 1975, mas também para conceder novos benefícios, atropelando a negociação que vinha sendo conduzida paralelamente por todos, com o apoio do Ministério da Fazenda, para aprovar uma Resolução do Senado Federal que trataria da redução das alíquotas interestaduais do ICMS.

Se a quebra da unanimidade fosse aprovada na Câmara, qual seria a probabilidade de a Resolução que trata da redução das alíquotas avançar? Num contexto de baixo crescimento e excesso de capacidade instalada na maioria dos setores que se beneficiaram desses incentivos, a sustentação desses projetos dependeria da manutenção do atual diferencial de alíquotas interestaduais, o que diminuiria o interesse dos estados mais agressivos na guerra fiscal em apoiar o andamento dessa Resolução.

Mas ainda que isso viesse a ocorrer, as chances de redução dos conflitos federativos eram pequenas. O projeto de lei que quebraria a unanimidade de votos no Confaz previa a fruição dos incentivos concedidos por mais 15 anos após a aprovação da lei que trataria das compensações a serem feitas pela União, nas condições vigentes anteriormente à aprovação da Resolução que trata da redução das alíquotas interestaduais, o que aumentaria as desvantagens competitivas dos que não contam com vantagens fiscais e também dos que viessem a ser posteriormente beneficiados.

De outra parte, afora as exceções à regra geral prevista na transição para uma alíquota interestadual uniforme de 4%, um prazo de oito anos para a convergência dessas alíquotas, que à primeira vista poderia parecer razoável, não condiz com a necessidade de reverter rapidamente o processo de encolhimento da indústria brasileira. Durante três anos, a diferença nas alíquotas interestaduais seria de cinco pontos percentuais, apenas um ponto abaixo do nível atual, mantendo a vantagem para projetos instalados em outras regiões que agregam pouco valor ao produto final.

Indústrias que processam matéria-prima adquirida nas regiões mais desenvolvidas para vender no mercado nacional veriam aumentado o problema da acumulação de créditos nas operações interestaduais. Aumentaria o estímulo à importação de insumos do exterior, tanto por gerar receitas para o estado importador quanto por permitir que o crédito tributário seja inteiramente aproveitado pelo produtor local. O rompimento de cadeias produtivas nacionais e a queda no valor agregado à produção industrial seriam consequências não desprezíveis.

Isso em tese, mas o que de fato poderia acontecer na prática? Como o setor produtivo foi se preparando para conviver com os múltiplos regimes aplicados à administração do ICMS? Anteriormente à adoção do IVA no mundo, a tributação incentivava a concentração da atividade produtiva para reduzir o imposto devido. A proposta do IVA visava contribuir para a eficiência econômica da tributação pela desconcentração, estimulando o desmembramento das diversas etapas perseguidas na produção de mercadorias e serviços. Sem realizar um estudo sobre os métodos e práticas adotados pelas empresas para sobreviver no caos tributário reinante, é temerário avançar no caminho sugerido pela teoria do IVA.

Qual seria o impacto, por exemplo, da adoção do crédito financeiro? Teoricamente, ele depende da distribuição do valor agregado ao longo da cadeia produtiva. Quanto maior for o valor agregado na etapa de produção do bem final, maior seria o ganho da indústria se as alíquotas fossem uniformes, mas no caso particular do ICMS essa vantagem também depende da participação dos serviços tributados pelo ISS no valor agregado nessa etapa. Como os serviços têm uma importância muito grande no valor do produto exportado, não é certo que essa medida estimule a exportação de produtos com maior valor agregado. Esse deve ser o caso de setores industriais que se resumiram a uma linha de montagem de produtos importados (automobilística, por exemplo). O oposto ocorreria no caso de produtos agropecuários ou extrativos em que a energia e o combustível não incorporado fisicamente ao produto tiverem peso elevado no respectivo valor, pois nesse caso a exportação seria beneficiada, levando em conta apenas esse fato.

Ademais, na maioria dos estados, se somarmos o que é arrecadado por meio da tributação dos insumos básicos (combustível, energia elétrica e telecomunicações), da substituição tributária e do Simples resta muito pouco para chegar ao total. Mesmo em São Paulo, essa conta representa uma parcela muito expressiva do total arrecadado. Como as transações entre empresas enquadradas no Simples e as demais não geram créditos a serem aproveitados, a adoção do crédito financeiro não mudaria essa situação, a não ser que as regras atuais fossem alteradas. De outra parte, seria necessário rever as margens aplicadas à cobrança antecipada do ICMS no regime da ST, para evitar que os ganhos decorrentes da adoção dessa medida não sejam repassados ao consumidor.

Para examinar as consequências dessa e de outras medidas tradicionalmente recomendadas a um IVA no caso particular do ICMS, e também no PIS/Cofins, é preciso conhecer como a organização da atividade produtiva se preparou para conviver com a multiplicidade de regimes aplicados à cobrança desses tributos, o que requer um estudo que ainda está para ser feito. Esse estudo precisa também considerar o que se passou do lado da administração. Ao longo dos anos, o Brasil investiu na capacitação dos auditores fiscais para lidar com impostos sofisticados, mas a realidade se encarregou de desvirtuar o sentido desse treinamento. Ao invés de utilizarem os ensinamentos adquiridos para melhorar a qualidade do trabalho, os administradores foram obrigados a deixar de lado o que aprenderam para se dedicarem a uma rotina cansativa e pouco atraente que se concentra na montagem de equipes dedicadas ao exame de casos específicos.

O abandono do figurino teórico levou à montagem de trajes especialmente desenhados para lidar com situações distintas. Ao invés de um traje moderno, os auditores fiscais passaram a vestir um uniforme especialmente desenhado para cada caso. Nesse processo, o Brasil conseguiu a façanha de ter uma administração tributária de qualidade e um dos piores regimes tributários do mundo, contrariando a recomendação de que um bom imposto é aquele que pode ser bem administrado.

Se as chances de a dita reforma do ICMS melhorar a qualidade do ICMS ou reforçar o caixa dos estados são remotas, praticamente nulas, o que esperar das mudanças que o governo pretende fazer no PIS/Cofins? O que esses dois tributos têm em comum? Apenas o fato de que perderam completamente as características originais pela multiplicidade de regimes aplicados à sua administração.

O PIS/Cofins nasceu como um imposto sobre o faturamento na reforma constitucional de 1988,[34] tendo sua base de incidência modificada por meio de emenda constitucional para substituir a palavra faturamento, adotada no texto original da Constituição, por receita bruta, de modo a evitar questionamentos jurídicos decorrentes da limitação do termo originalmente utilizado.

Em 2002, em resposta a reiteradas críticas com respeito aos problemas gerados pela cumulatividade da cobrança do tributo ao longo da cadeia produtiva para a competitividade da economia, foi dado início ao processo de mudança na forma de aplicação desses tributos para eliminar a cumulatividade da incidência. Por essa medida (Lei nº 10.637/2002), que inicialmente aplicava-se apenas ao PIS, foram adotados dois regimes para a aplicação desse tributo: o cumulativo, que manteve a regra preexistente, e o não cumulativo, no qual adotou-se o modelo de um imposto sobre o valor agregado. À diferença do ICMS, que incide sobre o produto e adota o chamado método do crédito fiscal, no regime não cumulativo do PIS, que incide sobre a receita, a opção foi calcular o valor adicionado em cada etapa pelo método da subtração (também conhecido como base contra base), ao invés de imposto contra imposto, este último conhecido como o método do crédito fiscal.

Há três métodos possíveis para cobrar um imposto sobre o valor adicionado: o método da adição, o da subtração e o do crédito. O método da adição computa o valor adicionado somando todos os pagamentos aos fatores de produção, inclusive os lucros obtidos pela empresa num determinado período. No método da subtração o valor adicionado é calculado subtraindo do total das vendas o total das compras, inclusive as compras de bens de capital. O método do crédito fiscal é uma varian-

---

[34] A Cofins veio substituir o Finsocial, uma contribuição criada no início dos anos 1980 para financiar programas sociais. O PIS, criado na década de 1970, foi mantido na reforma constitucional de 1988, transformando-se na fonte de financiamento do seguro-desemprego.

te do método da subtração; por ele o imposto é calculado aplicando-se a alíquota ao total das vendas e subtraindo desse resultado o imposto correspondente à aplicação da mesma alíquota ao total das compras.

Um dos problemas a serem enfrentados com a mudança que visa substituir a base de incidência de um imposto cumulativo, para eliminar a cumulatividade, é o cálculo das alíquotas a serem aplicadas à nova regra para gerar a mesma arrecadação. E é aí que mora o perigo, pois é difícil dispor de informações precisas e confiáveis para efetuar esse cálculo. Principalmente quando a mudança é feita em momentos de fortes restrições financeiras, a tendência é superestimar a nova alíquota a ser aplicada sobre o valor adicionado para evitar surpresas e, até mesmo, para obter ganhos de arrecadação. Foi assim em 2003, quando a receita do PIS subiu de 2,5% para 3% da carga tributária total refletindo o impacto da alteração realizada no ano anterior. E novamente em 2004, quando a extensão da não cumulatividade à Cofins (Lei nº 10.833/2003) também elevou a arrecadação desse tributo para 11,8% da carga tributária total, um acréscimo de 1,5 ponto percentual em relação ao nível registrado no ano anterior.

Outro problema refere-se a impactos setoriais diferenciados em função da extensão e da composição da cadeia produtiva. Setores com cadeias curtas e baixa intensidade de insumos não incorporados à produção acabam sendo onerados mais do que proporcionalmente na comparação com os demais. A decorrência desse fato é a reivindicação de regimes diferenciados. Quem perde prefere ficar no regime cumulativo e quem ganha opta pela mudança, e isso cria outras dificuldades decorrentes de problemas de relacionamentos intersetoriais, que geram demandas por regimes especiais.

O método base contra base, adotado pelo PIS/Cofins, na sua origem aproxima-se de um imposto sobre a renda das empresas, pois a base de incidência é a receita da empresa e não um produto específico. O mesmo método foi adotado na mudança posterior que estendeu a não cumulatividade à Cofins.

Apesar da melhoria da qualidade desse tributo promovida pelas mudanças adotadas, inúmeras possibilidades de deduções e de inclusões de receitas na base de cálculo utilizada para a apuração do débito, assim como variadas limitações ao aproveitamento de créditos tributários acumulados pelos contribuintes, contribuíram para distanciá-lo do modelo teórico que inspirou a mudança, tornando impossível definir a que espécie tributária ele pertence hoje em dia.

O que estaria sendo proposto a esse respeito? Nas primeiras medidas que tratavam do assunto, o que estava sendo cogitado era reunir PIS e Cofins em um só tributo, que passaria a ser denominado de Contribuição para a Seguridade Social (CSS). Essa mudança seria feita em duas etapas. A primeira trataria apenas do PIS, que serviria de teste para a calibragem das alíquotas, de modo que na segunda etapa, que alcançaria a Cofins, eventuais ajustes necessários sejam feitos. CSS e Cofins coexistiriam durante a transição.

Os elementos centrais do novo modelo que estava sendo cogitado incluíam questões que estão na pauta de antigas reivindicações do setor empresarial, como a adoção do crédito financeiro, a simplificação na aplicação do tributo e a redução do número de alíquotas, mas trazia uma novidade que merece ser analisada cuidadosamente. Essa novidade é a extinção da ligação estabelecida com o IRPJ. Desde a reforma de 2003, ficou estabelecido que as empresas que recolhem o IRPJ pelo regime do lucro presumido ficavam enquadradas no regime cumulativo do PIS e da Cofins, enquanto o regime não cumulativo seria aplicado às empresas que recolhem o IRPJ com base na apuração do lucro real. Como no regime do lucro presumido as empresas recolhem o tributo mediante aplicação de uma dada alíquota sobre a receita, a associação ao regime cumulativo aplicado ao PIS e à Cofins mantinha a lógica da relação entre os dois tributos.

Outro aspecto da proposta de criar um novo tributo mediante a fusão das duas contribuições também merece ser examinado. Na reforma constitucional de 1988, o PIS, que já existia, foi mantido com a atribuição de financiar o seguro-desemprego, então criado (artigo 239). A receita do PIS foi incorporada ao Fundo de Amparo do Trabalhador (FAT), do qual 40% é repassado ao BNDES para financiar investimentos cujo retorno deve contribuir para a saúde financeira desse fundo. A criação da CSS implicaria a necessidade de definir a parcela que caberá ao FAT no condomínio do qual participam a previdência, a saúde e a assistência social, mas não o seguro-desemprego.

A mudança de nome poderia parecer inofensiva, mas não é. No contexto das pressões para sustentar os benefícios sociais e ampliar os recursos da saúde, a proposta de criação da CSS abriria uma grande possibilidade de ser usada para ampliar a arrecadação federal e a carga tributária, especialmente num momento em que se avolumavam as dificuldades para obter os resultados esperados com respeito ao atendimento das metas fiscais.

E essa possibilidade cresce em razão da necessidade de as alíquotas serem reajustadas em função da proposta de adoção do crédito financeiro e de redução do número de alíquotas hoje existente. Em princípio, é possível que as alíquotas sejam revistas para preservar a arrecadação atual, mas qual seria a base de referência para isso? Como a adoção do crédito financeiro implica a necessidade de ampliar o volume de recursos destinados ao ressarcimento de créditos acumulados (exportações e investimentos), e dada a variedade de regimes especiais, o cálculo não é fácil de ser feito. E, mesmo que fosse, a neutralidade com respeito à arrecadação resultaria em significativas mudanças na repartição setorial da carga tributária, cujas implicações econômicas e sociais precisariam ser bem avaliadas.

Em princípio, os impactos setoriais da adoção do crédito financeiro dependem da extensão e da composição do valor agregado ao longo da cadeia produtiva, bem como da participação das aquisições de mercadorias e serviços hoje não sujeitas ao crédito em cada etapa. Ganhos e perdas entre setores não seriam desprezíveis e caberia examinar se os ganhadores são os setores que a reforma deveria beneficiar: a indústria e os setores exportadores. Outra consideração nessa linha é a mudança nas regras para utilização de créditos relativos a aquisições de empresa do Simples, que teriam que ser revistos.

Se o único propósito da mudança fosse melhorar a qualidade do PIS/Cofins, não seria necessário propor a criação de um novo tributo, cabendo apenas implementar o crédito financeiro na aplicação desses tributos, o que tornaria mais fácil a simulação das novas alíquotas e reduziria o risco de errar, para mais ou para menos, na sua calibragem. Ademais, a não fusão do PIS com a Cofins naquele momento teria ainda a vantagem de evitar a discussão sobre o financiamento do seguro--desemprego e dos recursos do BNDES, que já encontrava sérias dificuldades para sustentar suas operações.

Em suma, reformas tributárias não devem ser parte de medidas pontuais que visem promover um ajuste fiscal em momentos de crise e sim um componente indispensável de uma estratégia de reformas estruturais associadas a uma abrangente reformulação do processo orçamentário.

4. O ajuste fiscal e a federação

Importa ter em conta as consequências das medidas que vinham sendo intentadas pelo governo, no esforço de promover o ajuste fiscal, nas já precárias condições sob as quais vive a nossa federação.

A mais visível delas é o efeito da recessão na economia sobre as receitas de estados e municípios, que já vêm sofrendo há algum tempo as consequências das baixas taxas de crescimento dos últimos anos e, no caso dos estados, a erosão que as novas tecnologias provocam nas principais bases que fornecem a parcela predominante da arrecadação do ICMS (comunicações, energia e combustíveis).

Desde o final de 2014, a receita do ICMS vem sofrendo o impacto da crise que se abateu sobre a economia brasileira, tendo perdido mais de um décimo do valor arrecadado em dezembro de 2014 nos primeiros seis meses de 2015, segundo os dados divulgados à época pelo Confaz, sem considerar a inflação.[35] A queda nas receitas estaduais já vinha

---

[35] Em dezembro de 2014, o total arrecadado pelos estados foi da ordem de 37 bilhões de reais, cifra que ficou em apenas 28,3 bilhões em junho de 2015. A rigor, a perda é menor do que isso, porque faltam dados para o mês de junho para os estados do Rio de

criando severas dificuldades para os estados manterem o controle das suas finanças num contexto em que os compromissos com o pagamento das dívidas com o governo federal e as exigências impostas pela lei de responsabilidade fiscal tornaram praticamente nula a capacidade de os estados realizarem investimentos com recursos orçamentários, levando todos, com o estímulo do governo federal, a recorrer ao endividamento para tocar os projetos de seu interesse.

Em decorrência das opções adotadas no passado recente, são mínimas as perspectivas de as finanças estaduais acusarem uma melhora significativa no médio prazo. Se o ICMS não oferece perspectiva para melhorar a situação das finanças estaduais, pior ainda é o que ocorre com o outro principal componente das receitas orçamentárias: o FPE. O encolhimento da base desse fundo também não é segredo, mas mesmo os estados que mais dependem dele para financiar suas despesas parecem conformados com a situação. Com a expansão das despesas com a seguridade social e o virtual abandono do IPI (por motivos fiscais e econômicos), não há espaço para mudar essa situação sem que as distorções do atual regime de federalismo fiscal sejam abordadas.

Do lado da despesa, a situação não é melhor. Com a perda de dinamismo das receitas próprias, os estados se tornaram cada vez mais dependentes de recursos controlados pelo governo federal para gerenciar as políticas públicas que estão sob sua responsabilidade, com destaque para as transferências que complementam o financiamento da saúde, da educação e da assistência social, os convênios que possibilitam atender a demandas por expansão dos serviços urbanos e o crédito de bancos oficiais para viabilizar os investimentos. O corolário desse processo é o virtual desaparecimento de espaço orçamentário para que as prioridades de gasto sejam definidas pelos estados.

A centralização do controle sobre os recursos fiscais não é um tema desconhecido na literatura que aborda experiências de outros países

---

Janeiro, Goiás, Acre, Amazonas e Tocantins. Se tomarmos os últimos dados disponíveis para esses estados, a perda poderá ser da ordem de 12%, o que ainda é uma queda expressiva.

que passaram, ou passam, por situações em que um ajuste fiscal é necessário para evitar o agravamento da situação macroeconômica,[36] mas no Brasil essa prática se tornou mais deletéria na medida em que a parte que é conhecida — a que trata das regras impostas pela LRF e pelas medidas adotadas por ocasião da renegociação das dívidas — não trata da totalidade do problema, em face do crescimento da dependência das transferências e do acesso a novos empréstimos que ganharam importância a partir de 2008.[37]

A aprovação, no final de 2014, da lei que prevê a revisão dos parâmetros adotados na renegociação das dívidas dos estados e municípios com o governo federal, promovida em meados da década de 1980, acendeu alguma esperança nos governadores e nos prefeitos das maiores metrópoles do Brasil de algum alívio a ser proporcionado a partir da revisão dos contratos assinados naquela época, mas logo após a constatação de que isso iria complicar ainda mais a situação do governo federal, com respeito a possibilidades para reduzir os desequilíbrios fiscais, a regulamentação do disposto nessa lei foi adiada.

Ao invés de alívio na conta financeira, o paliativo que foi aprovado (Lei Complementar nº 151/2015) permite que estados e municípios, e também o governo federal, lancem mão de depósitos judiciais para alimentar os cofres públicos e oferecer algum alívio para a situação vigente. Conforme o disposto nessa lei, 70% desses depósitos que tratam de disputas envolvendo a União e os entes federados poderão ser utilizados preferencialmente para o pagamento de precatórios, podendo ser também utilizados para pagamento da dívida fundada, de despesas de capital e para a recomposição atuarial dos fundos de previdência de servidores públicos, na ordem indicada. Caso exista disponibilidade após terem sido atendidos os itens anteriores, os entes federados poderão destinar 10% do montante para fundos garantidores de PPS exclusivamente para financiar projetos de infraestrutura.[38]

---

[36] Esse ponto foi enfatizado por Marc Robinson no texto abordado no capítulo III.
[37] Para informações a respeito, consultar Rezende (2015, cap. 4).
[38] Essa mesma lei altera a que definiu os novos parâmetros para pagamento das dívidas

Essa lei, que tomou carona num projeto apresentado pelo senador José Serra, autoriza os estados a lançar mão desse expediente para conviver com a presente situação de descontrole financeiro. Mas, como apontamos, o paliativo supõe que as finanças estaduais padecem de uma crise conjuntural, que será remediada quando a crise passar, o que está longe de corresponder à verdade. Com o crescimento das despesas de pessoal, a maioria dos estados já se aproxima do teto estipulado na LRF para essa categoria de gastos e enfrenta dificuldades para pagar as dívidas com a União.

Um tema que durante algum tempo permeou os debates entre especialistas foi o risco que a descentralização fiscal poderia acarretar para a adoção de medidas necessárias para ajustes nas contas públicas em momentos de crise macroeconômica, em face da necessidade de coordenar decisões, quando elas envolvem outros níveis de governo. Quando as condições para que a coordenação funcione não existem, a tendência é impor regras centralizadoras que geram conflitos.

O assunto foi abordado com propriedade em um texto apresentado em um seminário internacional realizado em Porto Alegre em 2002[39] (Prud'Homme e Shah, 2004). Ao explorar os detalhes, os autores, que tinham visões distintas do problema, concluíram que não faz sentido atribuir qualidades negativas ou positivas a qualquer das duas opções, tendo em vista que a descentralização é uma opção política cujas qualidades dependem da robustez das instituições que regem o funcionamento desse regime, em particular as que tratam do federalismo fiscal e da coordenação intergovernamental.

Tendo em vista a falência das instituições nacionais que tratam das questões apontadas, no Brasil de hoje o risco não está mais no excesso de descentralização e sim no caso oposto. A centralização afogou a fe-

---

de estados e municípios, determinando que a revisão dos contratos deverá ser feita até 31 de dezembro de 2016, independentemente de regulamentação.

[39] O seminário que abordou o tema Federalismo e Integração Econômica Regional foi uma iniciativa do Fórum das Federações e do governo do estado do Rio Grande do Sul, contando com o apoio do BID e da Fundação Konrad Adenauer.

deração e criou um ambiente no qual o controle sobre os recursos que financiam as políticas públicas, a uniformidade das regras que regulam sua alocação, os desequilíbrios espaciais e a ausência de instituições capazes de promover a cooperação intergovernamental geram desperdícios e inviabilizam qualquer esforço de melhorar a qualidade da gestão pública, na ausência das reformas institucionais defendidas pelos autores citados no parágrafo anterior.

A dificuldade para avançar nessa linha está no fato de que nova rodada de centralização do poder ocorrida ao longo dos últimos 25 anos também contribuiu para o acirramento dos conflitos federativos e para pôr em campos opostos nos debates sobre essa questão os estados e os municípios, o que não ocorreu nos momentos anteriores de restauração da democracia. Logo após a promulgação da Constituição de 1988, o novo estatuto político outorgado aos municípios e os ganhos financeiros que auferiram foram vistos como motivos importantes para posições divergentes adotadas por estados e municípios nos debates de questões de interesse da federação.

No entanto, contrariamente ao que foi propalado por algum tempo, os municípios também não se beneficiaram da nova situação criada pela reforma de 1988. Sua participação na repartição do bolo fiscal cresceu, mas sua autonomia para decidir sobre o uso dos recursos que integram seus orçamentos encolheu, ao mesmo tempo que as disparidades intermunicipais cresceram.

Apesar disso, não há diálogo entre esses dois grupos. Estados e municípios se distanciaram e, contrariamente ao que ocorreu no passado, não formam uma parceria para rediscutir a descentralização fiscal. O presidencialismo de coalizão contribuiu para a centralização do poder e a submissão dos entes federados ao controle das autoridades federais. O episódio da não implementação da lei que autorizou a revisão dos parâmetros da dívida dos estados e municípios com a União deu uma demonstração eloquente desse fato.

Ao não dedicar a devida atenção ao que acontecia com seus orçamentos, estados e municípios deram espaço para que o governo federal invadisse o campo das suas competências por meio da expansão dos chamados "sistemas nacionais de políticas públicas", que transformaram os governos estaduais e municipais em meros executores de programas definidos e regulamentados pela União para financiar a provisão de serviços e a realização de investimentos nos campos da habitação, do saneamento, da segurança pública e da assistência social.

A crise econômica poderia abrir a oportunidade para o estabelecimento de um novo diálogo entre os estados, que partisse do reconhecimento da precariedade da situação em que estão e da necessidade de construir uma agenda coletiva dos seus interesses na federação. Um passo adiante poderia levar à reconstrução da velha aliança em que estados e municípios se uniam em momentos de reação à centralização fiscal para reivindicar mudanças no federalismo fiscal, de modo a recuperar o equilíbrio da federação e a autonomia dos entes federados. Mas isso ainda não está à vista.

A persistir a insensatez que tem caracterizado os debates sobre a crise federativa, a federação brasileira sairá de um novo esforço de ajuste fiscal, se ele perseguir a linha adotada no passado, mais debilitada do que está.

CAPÍTULO V
Em busca do tempo perdido —
caminhos para a reconstrução do orçamento

1. A escolha do caminho

A reunião de elementos que explicitem os conflitos que se manifestam no interior do orçamento federal, visando propiciar um debate a respeito das prioridades na apropriação dos recursos públicos, deve preceder a escolha do caminho a ser percorrido. Para isso, é necessário que as pressões por ocupação do espaço orçamentário que geram esses conflitos sejam expostas de forma clara, de modo a chamar a atenção para o problema. Foi com o objetivo de provocar esse debate que construímos um barômetro orçamentário que ora consideramos oportuno reapresentar (Rezende, 2015).

As figuras adiante reapresentadas, que exibem a situação retratada nos barômetros para os anos de 2004, 2008 e 2013, ressaltam o caráter estrutural do problema ao mostrar que na conjuntura econômica favorável de 2004-08 o espaço fiscal ocupado pelas prioridades da agenda social e pelas despesas com o funcionalismo se mantém inalterado, na faixa de 75% da receita líquida do governo federal. *O que isso demonstra de forma inelutável? Tanto o PIB quanto as receitas cresceram, mas as principais agendas que ocupam o orçamento cresceram a um mesmo ritmo mantendo inalterado o grau de engessamento do orçamento. Portanto, uma conjuntura favorável não resolve o problema, apenas evita que ele se torne mais grave.*

Em 2008, o ponteiro do barômetro apontava para uma situação que já teria superado em muito a faixa considerada compatível com a administração das pressões exercidas sobre o orçamento, aproximando-se da zona de conflitos, no limite que demarca a saída da zona considerada de instabilidade.[40] Nesse ponto, torna-se impossível sustentar os investimentos, manter os compromissos políticos, cumprir as metas fiscais e financiar as demais políticas públicas que não estão legalmente protegidas, a não ser ampliando o tamanho do Estado, ou lançando mão de expedientes para superar os limites impostos pelo tamanho do orçamento (Restos a Pagar, endividamento e receitas extraordinárias, por exemplo).

Quando a economia se desacelera, o ponteiro que marca o espaço ocupado pela agenda social e as despesas com o funcionalismo, no barômetro de 2013, se desloca para a faixa dos 80%, já no interior da zona de conflitos, indicando a perda de controle sobre as despesas que dominam o espaço orçamentário. Nesse ponto, já não é possível preservar as economias necessárias para cobrir os encargos da dívida pública e evitar a expansão do endividamento, que também ganha impulso pelo recurso a ele para financiar investimentos e buscar meios, nem sempre amparados na legislação, para sustentar políticas que não encontram abrigo no orçamento.

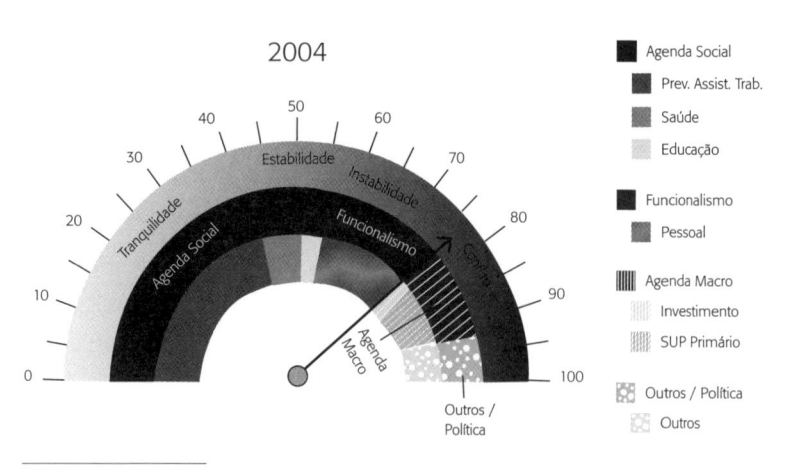

---

[40] Os limites propostos para demarcar as zonas do barômetro foram arbitrados com base na análise dos dados e pretendem ser apenas uma forma de ilustrar as situações que resultam das pressões acumuladas no processo de execução orçamentária.

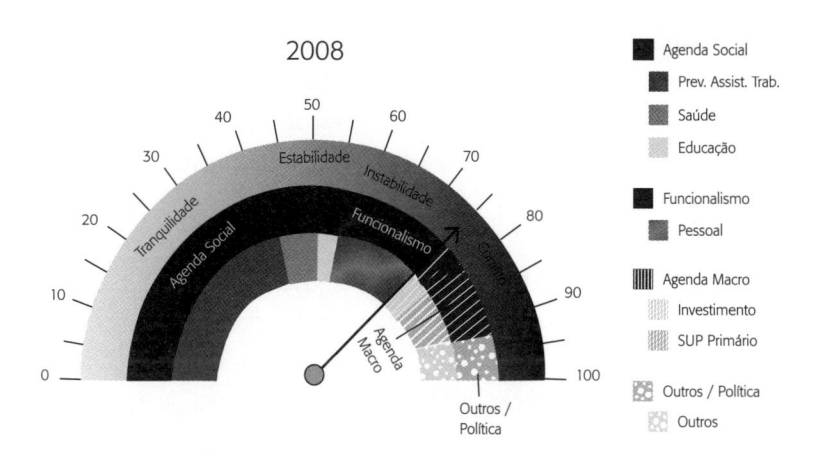

Na comparação com 2008, o barômetro de 2013 mostra a repercussão do crescimento do espaço ocupado pela agenda social nas demais agendas do governo federal. O principal destaque nessa comparação é o avanço do espaço ocupado por essa agenda que cresceu quase 10 pontos percentuais nesses cinco anos, alcançando a marca de 64% da receita líquida do governo federal. Isso fez com que o ponteiro que registra a soma das despesas com a agenda social e o funcionalismo subisse para pouco mais de 80%, só não alcançando um patamar mais elevado porque o espaço ocupado pelo funcionalismo encolheu. Também é visível que o avanço da agenda social se deveu a despesas com previdência, assistência e trabalho, e que o espaço ocupado pelos setores de saúde e educação permaneceu praticamente inalterado.

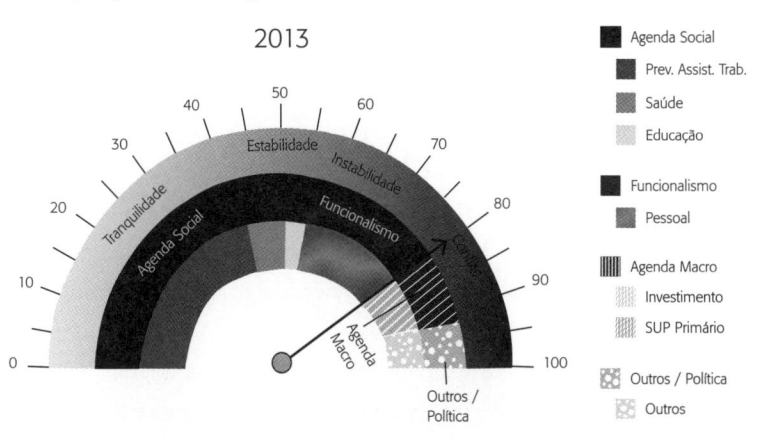

Em busca do tempo perdido

Uma simulação feita naquele momento com as informações disponíveis à época já apontava para um cenário em que a soma das despesas com os três componentes prioritários da agenda social e as despesas com o funcionalismo passaria a demandar 85% do espaço orçamentário em 2018, apontando para o desastre que iria ocorrer. Infelizmente para o país, talvez necessário para provocar as mudanças que se fazem necessárias, esse cenário já teria se antecipado. Urge evitar que a lição não seja aprendida.

Este breve resumo dos fatos retratados no livro citado anteriormente visa apenas bater na tecla que as lideranças nacionais se recusam a admitir. O que ocorreu em 2015 é o resultado da falta de disposição nacional para adotar tempestivamente as medidas que eram necessárias para evitar que a situação se agravasse.

O tempo perdido ameaça comprometer o objetivo de recuperar a confiança da população na capacidade de o país retomar uma trajetória de crescimento com inclusão social que havia despertado um sentimento de orgulho nacional. Contudo, não se vê ainda o despertar de um sentimento de urgência para corrigir os equívocos cometidos, como indica a diferença entre as expectativas do governo para o futuro imediato e as previsões mais realistas sobre o que esperar no prazo que coincide com o término do atual mandato presidencial, sem que sejam tomadas medidas duras para reverter uma trajetória que ameaça conduzir o Brasil a uma nova década perdida.

Como vimos insistindo, sem reformas abrangentes não há possibilidade de corrigir os desequilíbrios estruturais do orçamento e essa já não é uma posição isolada. Muitos analistas têm batido nesta tecla, que já faz parte, inclusive, de um documento patrocinado por parlamentares do PMDB. A questão é por onde começar. A insistência na proposta de uma reforma na previdência encampada por esse documento é correta, mas tem pouca chance de prosperar se tratada isoladamente, além de a maioria das medidas recomendadas nessa área não gerar resultados expressivos no curto e médio prazos.

Cabe ressaltar que o documento mencionado no parágrafo anterior ressalta a importância de recuperar a essência do orçamento público, reforçando a linha que vem sendo defendida nos trabalhos do Cefis. Ao mencionar a importância do retorno a um orçamento verdadeiro, o documento em tela aponta para a importância do orçamento em uma democracia e como esse papel fica prejudicado pelo engessamento do orçamento e pela falta de empenho em adotar as medidas requeridas para recuperar a credibilidade desse instrumento. Entre as medidas recomendadas para esse objetivo, propõe o fim das vinculações constitucionais, a adoção de um orçamento impositivo e mudanças no processo orçamentário baseadas na proposta de adoção de um orçamento "base zero". Sem discutir o mérito, a oportunidade e a viabilidade dessas recomendações, o que cabe destacar é a contribuição que o documento em tela traz para pôr em debate a reforma do processo orçamentário.

1.1 Um caminho diferente: encontrar o fio da meada para desembaraçar o novelo fiscal

Propõe-se, aqui, um caminho diferente, embora com o mesmo objetivo. Esse caminho consiste em buscar o fio que pode desenrolar a meada. Nos trabalhos anteriores já destacamos a importância que a criação de um regime exclusivo de financiamento para a seguridade social trouxe para propiciar a expansão dos gastos com a previdência e a assistência social, o que não ocorreu com o terceiro membro da trindade que estaria abrigado nesse mesmo regime (a saúde).

Ao ser progressivamente expulsa do regime de financiamento da seguridade social, a saúde buscou várias alternativas, sem que nenhuma delas tenha gerado resultados satisfatórios. A criação da CPMF foi a primeira tentativa para garantir um espaço próprio no grupo, o que também não deu os resultados esperados e foi substituída pela regra adotada na EC 29, de 2000, que associou os gastos no setor à variação do PIB, além de vincular recursos orçamentários de estados e municípios. Por ter sido criada ao abrigo do artigo 195 da Constituição, que regula o financiamento da seguridade social, as receitas da CPMF, que inicialmente se destinavam integralmente ao financiamento da saúde, foram estendidas nas prorrogações posteriores para o custeio da previdência social e o Fundo de Combate à Fome e Erradicação da Pobreza, mediante o aumento da sua alíquota, o que teria propiciado maiores condições para a expansão dos gastos previdenciários e assistenciais.

A insatisfação com a nova regra motivou a decisão de incluir em uma nova lei, que regulamentou a EC 29, a proibição de estados e municípios aplicarem recursos vinculados à saúde em saneamento, com os conhecidos efeitos negativos dessa medida para a saúde pública.

Na sequência, uma nova emenda constitucional (EC nº 86/2015) estabeleceu a vinculação de 13,2% da receita corrente líquida do governo federal como o piso de gastos no setor a vigorar a partir de 2016, percentual que deverá subir gradativamente até alcançar o índice de 15% em 2020.[41] No entanto, se a nova regra for aplicada, com a queda esperada na RCL em 2016, o gasto em saúde poderá ser reduzido em até R$ 10 bilhões nesse ano e continuar caindo em 2017.

O curioso, ao longo de toda essa sequência de fracassos na tentativa de garantir maiores recursos para a saúde, é o fato de os representantes do setor continuarem ignorando os malefícios acarretados pelo regime de financiamento da seguridade social para o setor, do ponto de vista financeiro. Não há manifestação de movimentos sociais que defendem os interesses da saúde e nem de representantes do setor no Congresso para apoiar medidas que propõem conter o crescimento das despesas previdenciárias e assistenciais, a despeito das evidências de que isso lhes afeta diretamente.

A busca de alternativas também não está tendo os resultados esperados e o cenário fiscal para os próximos anos não oferece perspectivas favoráveis para que as novas regras recém-adotadas venham a ser cumpridas. Estaria na hora de forçar uma mudança de atitude? E como provocar essa mudança?

---

[41] O percentual da vinculação subirá para 13,7 em 2017, 14,1 em 2018, 14,5 em 2019 e 15% em 2020.

Cabe destacar que, de forma distinta, embora com consequências semelhantes, o regime de garantias financeiras para a educação também foi afetado pela expansão das contribuições sociais. Diretamente, pelo encolhimento da base das vinculações ao setor que resultou da perda de participação dos principais impostos que formam essa base (IR e IPI) na carga tributária nacional, afetando não apenas o governo federal, mas também os estados e os municípios.

A busca de alternativas para contornar as limitações financeiras ao financiamento da educação, combinada com a falta de previsão para o impacto futuro de aumento de investimentos nas despesas de custeio, aumenta as dificuldades que as universidades públicas enfrentam para manter suas atividades e explica as perdas que os grupos que controlam as universidades privadas sofreram recentemente.

A queda no PIB poderia facilitar o cumprimento da meta de serem aplicados em educação recursos no mínimo equivalentes a 7% do PIB em 2018, conforme propõe o PNE, tendo em vista que os gastos no setor se aproximaram de 6,5% do PIB no passado recente. Mas a queda no PIB também reduz as receitas dos impostos sobre as quais incide a vinculação de despesas ao setor, além de ser baixa, ou quase nula, a probabilidade de os gastos em educação ficarem acima do mínimo constitucional nos próximos anos, dada a necessidade de corrigir os desequilíbrios fiscais.

A esta altura, está mais do que claro que a justificativa para sustentar um regime próprio de financiamento para a seguridade social não só já não existe, como a situação se apresenta agora de forma invertida. À época, argumentava-se que os recursos vinculados à previdência eram desviados para finalidades econômicas e retiravam dinheiro da saúde e de outros gastos de interesse social.[42] No novo regime, é a expansão dos recursos capturados pela previdência e a assistência que vem comprometendo o financiamento da saúde e de outros gastos sociais.

---

[42] No período em que a previdência era superavitária, recursos do setor ajudaram a construir a hidroelétrica de Itaipu e a cidade de Brasília.

A adequada compreensão desse fato aponta para o fio da meada. Ele está na revisão do artigo 195 da Constituição. Ao concentrar o foco dos debates na repartição do dinheiro, a discussão das mudanças que precisam ser feitas destaca a origem dos problemas e não suas consequências. A justificativa para mudar as regras que garantem um crescimento automático das despesas com a previdência e a assistência deixa de assentar-se em argumentos demográficos, ou meritórios (beneficia os de maior renda), para iluminar o conflito entre as prioridades sociais.

A medida a que se refere o parágrafo anterior também daria uma contribuição inestimável para a reforma tributária. Ao eliminar a distinção artificial adotada no texto constitucional entre tributos e contribuições, abrir-se-ia o caminho para a eliminação da incidência de tributos legalmente distintos sobre as mesmas bases econômicas, como o IRPJ, a CSSL, o PIS/Cofins e o IPI, o que também beneficiaria as reformas que precisam ser feitas nos tributos cobrados pelos entes federados (ICMS e ISS)

2. O tempo redescoberto: três proposições para o debate sobre um programa de correção dos desequilíbrios estruturais das contas públicas

Primeira: A revisão do artigo 195 da Constituição é essencial para a recomposição do equilíbrio no financiamento dos programas sociais

O envio de uma nova PEC, que propõe a renovação da DRU até 2023 e aumenta para 30% a desvinculação das receitas das contribuições sociais e outros tributos de menor expressão, foi objeto, como sempre, de pronunciamentos que alegam maiores limitações que essa medida causaria, se aprovada, para o financiamento da saúde, embora essa alegação não faça o menor sentido, pois na nova regra estabelecida na EC nº 86/2015, como já foi mencionado, a obrigatoriedade do gasto em saúde já não dependa mais do pouco que lhe resta no total arrecadado por essas contribuições.

A parcela dos gastos com saúde que é financiada com as receitas da seguridade social instituídas ao amparo do artigo 195 da Constituição federal vem caindo ao longo do tempo, em decorrência do crescimento das despesas relativas ao pagamento dos benefícios previdenciários e assistenciais, tendo se reduzido a cerca da metade dos 30% previstos por ocasião da adoção desse regime no texto constitucional, devendo cair ainda mais em 2016 em razão dos efeitos da recessão na receita tributária e do impacto do desemprego na contribuição previdenciária.[43] E não há como ser diferente nos próximos anos dadas a deterioração das previsões sobre o comportamento da economia e as estimativas de fortes aumentos nas despesas do RGPS.

Paradoxalmente, a cada mudança nas regras que visam aumentar as garantias de financiamento do setor, o resultado é o oposto do esperado. Em 2014, o governo gastou com saúde mais de 14% da sua RCL. Como a RCL em 2015 deve ser menor, a aplicação da nova regra levaria a uma queda no montante a ser obrigatoriamente aplicado no setor em 2016, que segundo estimativas de Mansueto Almeida ficaria R$ 10 bilhões abaixo do valor previsto no Ploa de 2016 para o setor.[44] Assim, pela nova regra constitucional de vinculação dos gastos em saúde haveria espaço para cortes substanciais nessa função.

Além do aumento da DRU para 30%, a PEC que trata da prorrogação dessa medida mantém a exclusão dos recursos vinculados à educação da base de cálculo para a aplicação dessa medida, com a finalidade de reduzir as dificuldades de financiamento desse setor.[45] Diretamente, isso

---

[43] A estimativa de um déficit de 117 bilhões na previdência social somada a gastos de cerca de 91 bilhões com o pagamento do abono salarial, seguro-desemprego e benefícios de prestação continuada indica o tamanho das dificuldades de financiamento da saúde.

[44] Essa estimativa supõe uma queda real de 3,5% da RCL de 2015, que dado o percentual fixado para 2016 resultaria numa obrigatoriedade de gasto no setor da ordem de R$ 90 bilhões.

[45] A retirada gradual dos recursos vinculados à educação da base de cálculo da DRU

não afeta a saúde, conforme mencionado, mas pela primeira vez a nova prorrogação da DRU retira a totalidade dos impostos da sua base de incidência, bem como os acréscimos legais de impostos e contribuições, além da contribuição para o salário-educação e os *royalties* do petróleo. Dessa forma, a nova alíquota de 30% passaria a incidir apenas sobre as contribuições sociais e econômicas, taxas e *royalties* decorrentes da exploração de recursos hídricos e minerais, exclusive acréscimos tributários provenientes de mudanças na legislação.[46] O quadro 5 resume as mudanças.

Quadro 5
Base de incidência da DRU na PEC

Itens da receita	Regra vigente	Regra proposta
Impostos	20%	Retirar
Contribuições sociais e econômicas	20%	30%
Acréscimos legais de impostos e contribuições	20%	Retirar
Fundos constitucionais – FCO/FNE/FNO	- - -	30%
Taxas	- - -	30%
Compensações financeiras – recursos hídricos e minerais	- - -	30%

Fonte: PEC nº 87/2015.

Ao longo de mais de duas décadas decorridas desde a sua criação, a DRU sofreu várias prorrogações, nem todas com mudanças significativas na sua composição, conforme pode ser visto no resumo apresentado

---

foi adotada pela EC nº 59, de 11 de novembro de 2009, e concluída com o disposto na EC nº 68/2011.

[46] Com a exclusão da receita de impostos e de acréscimos legais, a base da DRU ficaria limitada à receita proveniente das contribuições sociais previstas na legislação vigente e o aumento da alíquota encolheria ainda mais a participação da saúde nessas receitas.

no quadro 6. Em nenhuma das mudanças anteriores, todavia, o impacto na saúde foi tão grande como será agora, conforme apontado no parágrafo anterior.

Embora a exclusão dos impostos e do salário-educação da base de incidência da nova DRU beneficie os gastos em educação, não há indícios de que isso seja suficiente para que os valores fiquem próximos da meta estabelecida no PNE. De outra parte, como o déficit do Regime Geral de Previdência não para de crescer, o espaço que sobrará para a saúde no condomínio financeiro da seguridade social ficará cada vez menor, tendendo a desaparecer.

Importa insistir. Não é o aumento da DRU que irá prejudicar o financiamento da saúde! O que vem trazendo problemas para o setor, desde o início, é a expansão dos benefícios previdenciários e assistenciais que, conforme tem sido insistentemente demonstrado nos estudos publicados pelo Cefis (Rezende, 2012), foi reduzindo o espaço destinado à saúde no condomínio da seguridade social e aumentando a dependência do setor de outras receitas do Tesouro.

Ademais, há muito que a motivação original da adoção desse instrumento, proporcionar o espaço fiscal necessário para alcançar as metas para o superávit primário, deixou de ser atendida, como também tem sido exposto em publicações anteriores que reúnem os resultados dos trabalhos do Cefis. Se também não atende mais a essa finalidade, qual é a razão para insistir em prorrogar este artifício?

A única explicação para isso parece ser a falta de vontade política para enfrentar o cerne do problema: a criação artificial de duas categorias de tributos — impostos e contribuições sociais — adotada na Constituição de 1988, embora aí resida uma das principais explicações para a ampliação dos desequilíbrios estruturais das contas públicas e o crescimento do déficit da previdência social, além da má qualidade do regime tributário e do crescimento dos desequilíbrios federativos.

Quadro 6
A DRU — histórico e mudanças

- Criado em 1994 (Emenda Constitucional de Revisão nº 1) com o nome de Fundo Social de Emergência, composto por 20% do produto da arrecadação de todos os impostos e contribuições da União, com vigência nos exercícios de 1994 e 1995.
- Emenda Constitucional nº 10, de 1996, estende a vigência do fundo até o exercício de 1997, altera sua denominação para Fundo de Estabilização Fiscal e modifica sua composição, principalmente para excluir da sua base as transferências constitucionais a estados e municípios, a parcela dos impostos vinculada à educação e a receita destinada ao financiamento do seguro-desemprego.
- Emenda Constitucional nº 17/1997 estende a vigência ao exercício de 1999, sem alterações significativas na sua composição.
- Emenda Constitucional nº 27, de 2000. Adota a denominação Desvinculação da Receita da União (DRU), estende sua vigência ao exercício de 2003 e exclui da base a contribuição para o salário-educação, mas não os recursos vinculados a esse setor.
- Emenda Constitucional nº 42, de 2003. Estende a vigência ao exercício de 2007 e inclui na base as Contribuições de Intervenção no Domínio Econômico.
- Emenda Constitucional nº 56, de 2007. Estende a vigência ao exercício de 2011.
- Emenda Constitucional nº 59, de 2009. Determina a gradual redução do percentual de recursos vinculados à educação da base da DRU: 12,5% em 2009; 5% em 2010 e nulo em 2011, mantida a vigência.
- Emenda Constitucional nº 68, de 2011. Estende a vigência até 2015, sem alterações na composição.

Fonte: Elaboração do autor.

A correção dos problemas gerados pela dualidade de regimes tributários não implica retirar qualquer garantia de financiamento da previdência, da assistência e da saúde, como vem sendo argumentado. De um lado, porque a conta dos benefícios previdenciários e dos programas de transferência de renda instituídos por lei é direito individual que tem que ser pago independentemente da natureza das receitas que serão utilizadas para esse fim, e que só pode ser alterado por mudanças na legislação que regula a matéria. Segundo porque, como exposto anteriormente, a saúde não extraiu qualquer vantagem dessa medida, tendo, ao contrário, sido por ela prejudicada.

Essa correção também não implica alterações nos princípios que regem a organização e o financiamento da seguridade social, tal como enunciados no artigo 194 e no *caput* do artigo 195, tratando apenas dos incisos a este último artigo. Ademais, cabe reconhecer a retomada da exclusividade das receitas sobre salários para o financiamento da previdência, que se manifesta, inclusive, na forma como as estatísticas sobre a receita são divulgadas pela RFB, que lista em separado a Arrecadação Líquida para o RGPS e inclui as contribuições para o PIS, a Cofins e a CSSL no universo das receitas administradas pela RFB, exceto o RGPS. Isso significa que as receitas a que se refere o item a do inciso I do artigo 195 e o inciso II do mesmo artigo há muito deixaram de ser receitas partilhadas com os demais integrantes da seguridade social.

Em reconhecimento à realidade, a proposta de revisão do artigo 195 da Constituição abrange as seguintes recomendações:

a) alterar o *caput* do artigo para retirar a referência às contribuições sociais;
b) transferir o item a do inciso I e o inciso II desse artigo para a seção III do título VIII, que trata da previdência social, pois essas receitas só se destinam à previdência e não à seguridade social;
c) incorporar os itens b e c do inciso I do artigo 195 e o item II do mesmo artigo ao capítulo I do título VI da Constituição que trata do sistema tributário.

A alteração anterior em nada modifica a situação atual com respeito às garantias constitucionais para o financiamento da saúde e da educação, pois não mexe nas regras que estão em vigor. Se é assim, qual é a vantagem da mudança?

A principal delas já foi mencionada. A revisão proposta irá explicitar o déficit da previdência e criar condições para que o financiamento desse déficit seja discutido durante o processo orçamentário, permitindo que a sociedade discuta qual é o tamanho do déficit que permite atender às necessidades de financiamento da saúde, da assistência e da educação, bem como de outros direitos sociais que foram expulsos do orçamento. Quanto maior for a parcela da receita líquida necessária para cobrir o déficit da previdência, menor será a disponibilidade para o financiamento das demais prioridades sociais.

Uma segunda vantagem, que deriva da primeira, é contribuir para que seja instaurado um debate sobre vantagens e desvantagens de vinculações permanentes de receita para garantir o financiamento de programas sociais, seja porque os recursos ficam sujeitos a flutuações na conjuntura econômica, o que é particularmente grave em períodos recessivos dado o caráter recorrente da maioria das despesas, seja porque acarretam um indesejado engessamento do orçamento, congelando parcelas do orçamento e inviabilizando o atendimento de novas prioridades que surgem em função da dinâmica socioeconômica.

Sugestões que visam modificar o regime de garantias constitucionais, para eliminar as vinculações de receita ou para impor um prazo de vigência, nunca encontram o respaldo político necessário para avançar, porque são vistas como recomendações que visam atender a interesses econômicos e prejudicar a população que necessita do Estado para progredir socialmente. Após mais de três décadas de experiência com o uso desse instrumento, a abertura de um novo debate proporcionado pela mudança em tela pode encontrar um ambiente mais favorável para prosperar.

A terceira vantagem da mudança proposta é a de criar condições para uma revisão do processo orçamentário que tenha como propósito aumentar a eficiência e a eficácia na gestão das políticas sociais. Conforme tem sido destacado nos estudos do Cefis, a desorganização do processo orçamentário provocada pelas medidas adotadas para contornar o engessamento do orçamento criou muitas limitações a uma gestão pública eficiente, o que reduz em muito os benefícios proporcionados pelos instrumentos utilizados para garantir recursos essenciais para o atendimento das necessidades sociais. A mudança aqui sugerida pode criar um ambiente mais favorável para avançarmos nessa linha.

Cabe acrescentar que a dualidade de regimes tributários instituída em 1988 também é a principal causa do enorme retrocesso sofrido pelo sistema tributário nos últimos 50 anos e pelo agravamento dos desequilíbrios federativos, que jogaram por terra as intenções dos constituintes de reforçar a federação e reverter a centralização promovida pelo regime militar.[47]

Nesse sentido, o fio da meada que pode contribuir para corrigir os problemas orçamentários também daria uma inestimável contribuição ao avanço de sugestões da reforma tributária requerida para eliminar o viés anticompetitivo dos tributos e para uma revisão no federalismo fiscal.

Ao puxar o fio da meada, o país estaria dando um passo fundamental para que a reforma orçamentária abra caminho para o avanço das demais reformas essenciais ao desenvolvimento do Brasil, conforme mencionado.

Segunda: É preciso recuperar o conceito original de Restos a Pagar para aumentar a eficácia das vinculações constitucionais

Em que medida a expansão dos RAPs afeta a eficácia das vinculações para a saúde e a educação?

A busca de resposta a essa pergunta remete às regras adotadas para atestar o cumprimento das vinculações constitucionais abordadas no capítulo III deste trabalho. De acordo com essas regras, o que garante esse cumprimento é o empenho das despesas e não sua efetiva execução. Em face do modelo de execução financeira vigente, a consequência dessa medida é o acúmulo de Restos a Pagar de educação e saúde e a decorrente queda no índice de execução das despesas do exercício corrente, o que contribui para a ineficiência do gasto e retira importância

---

[47] Para detalhes a respeito, consultar Rezende (2009, 2013b).

do orçamento como instrumento que visa organizar as ações a serem executadas com os recursos atribuídos a esses setores.

Como a proposta orçamentária que é enviada ao Congresso não pode contemplar valores para gastos nos setores que contam com receitas vinculadas inferiores ao que determina o texto da Constituição, a alternativa para lidar com o problema é inflar as previsões de arrecadação, para tornar possível o atendimento de outras necessidades e abrir algum espaço fiscal para o atendimento das metas que visam preservar o equilíbrio macroeconômico.

Na sequência, torna-se necessário aplicar um forte contingenciamento de despesas para evitar um maior descontrole na administração das contas públicas, e isso vai exigir que as despesas previstas nos setores de educação e saúde tenham que ser empenhadas, no mínimo constitucionalmente exigido, para posterior inclusão em Restos a Pagar.

À medida que os RAPS acumulados nessas duas áreas adquirem valores elevados, o problema aumenta, pois eles não podem ser cancelados e os mais antigos precisam estar no primeiro lugar da fila para serem liberados. A cada ano que passa uma parcela maior de gastos previstos no passado, com preferência para os previstos há cinco anos, precisa ser executada, de forma que uma parcela menor das despesas previstas no orçamento do ano corrente encontrará espaço para ser executada, contribuindo para a obrigação de realizar despesas que já poderiam não ser necessárias e para a inviabilidade de atender a prioridades do momento.

Essa situação é claramente insustentável e precisa ser revista com urgência. De que maneira a adoção da medida contemplada na primeira proposição poderia ajudar a corrigir esse problema?

A resposta aponta para a possibilidade de obtenção de um acordo político mediante o qual a negociação de uma medida legal que viabilize o cancelamento de Restos a Pagar seja acompanhada de uma ampliação da execução das autorizações de gastos contempladas na lei orçamentária para o exercício corrente, o que poderia ser feito de uma só vez, ou implementado gradualmente, num prazo relativamente curto.

Esse acordo seria amparado na discussão sobre a parcela da receita corrente líquida que poderia ser direcionada para a cobertura do déficit previdenciário sem comprometer o atendimento das garantias de financiamento da saúde e da educação, bem como de outras prioridades sociais. Nesse caso, poder-se-ia avaliar qual o volume de RAPS acumulados relativos a despesas nesses setores cujo cancelamento poderia ser negociado em troca de garantia de igual, ou maior, percentual de execução de despesas previstas para o ano em curso.

Importa inserir nessa negociação a questão da execução dos investimentos. Afora gastos em educação e saúde, uma parcela expressiva dos RAPs trata de despesas de investimentos. Um argumento utilizado para ampliar o montante de investimentos acumulados nessa rubrica foi a contribuição que essa opção daria, para evitar a descontinuidade na execução de obras relevantes para o país, em decorrência de interrupções no cronograma das obras provocadas por descumprimento de exigências ambientais ou sociais amparadas em mandatos judiciais.

Mas, de outra parte, a expansão desse procedimento pode ter também estimulado a falta de cuidado na preparação dos projetos, que são iniciados sem o cumprimento prévio de todas as etapas necessárias para evitar dificuldades técnicas ao cumprimento do cronograma da obra e, muitas vezes, por motivações políticas. As consequências disso são um enorme desperdício de recursos gerado por atrasos enormes na conclusão de obras realmente necessárias, e os prejuízos que isso acarreta para o país.

Ademais a solução para eventuais dificuldades no cumprimento de um cronograma que resulta de um projeto que tenha sido bem feito não deve ser a inclusão em Restos a Pagar, e sim a elaboração de um plano plurianual de investimentos que dê suporte à continuidade das obras e preveja os recursos necessários, que deverão fazer parte dos orçamentos subsequentes, podendo, ademais, introduzir na lei orçamentária dispositivos que permitam utilizar verbas previstas no orçamento de um ano nos anos seguintes, em caso de imprevistos, de modo a evitar as consequências da descontinuidade.

A combinação dos efeitos gerados pelas duas medidas em tela daria um passo importante na direção das mudanças que precisam ser feitas para reorganizar o processo orçamentário, de modo a criar as condições requeridas para uma maior eficiência da gestão pública e a melhoria da qualidade do gasto.

A aprovação da Emenda Constitucional que tornou obrigatória e execução de emendas parlamentares ao orçamento é um fato que também aponta para a perda de funcionalidade do acúmulo de Restos a Pagar para o relacionamento do Poder Executivo com o Congresso. Nesse sentido, as medidas ora propostas podem ser vistas também como uma contribuição da reforma orçamentária para o relacionamento político, na linha do objeto do Projeto Cefis 2015.

Terceira: Receitas extraordinárias não concorrem para a correção de desequilíbrios estruturais das contas públicas. É preciso abandonar o vício

A terceira proposição enumerada poderia dar uma contribuição adicional ao processo de eliminação da dependência dos Restos a Pagar para sustentar a execução dos investimentos. Ela destaca que receitas extraordinárias não constituem uma solução para a correção de desequilíbrios estruturais das contas públicas, contribuindo, ao contrário, para adiar o enfrentamento das reais causas desses desequilíbrios.[48]

Pior ainda é o que vem acontecendo entre nós, em que receitas extraordinárias são também utilizadas para cobrir despesas correntes, contribuindo para aumentar o engessamento do orçamento.

Evidências a esse respeito, reunidas no relatório anterior, mostram a inusitada situação em que se encontram as contas públicas, onde os gastos obrigatórios já superam despesas recorrentes, revelando o tamanho

---

[48] Dados apresentados no relatório anterior mostraram que a média anual das receitas extraordinárias foi da ordem de 1% do PIB no período 2010-14.

dos problemas que foram se acumulando e os desafios que precisam ser enfrentados para revertê-los.

A contrapartida desse fato é a captura das receitas ordinárias pelas despesas obrigatórias. Nos números oficiais, as despesas obrigatórias contempladas na proposta do orçamento para 2016 já absorvem a quase totalidade das receitas ordinárias, assim consideradas as receitas administradas pela receita federal e as vinculadas à previdência social.[49]

Na forma como os números da proposta orçamentária são apresentados, o percentual anteriormente indicado fica menor, mas importa mencionar que o critério adotado no resumo da proposta orçamentária, para apresentar o montante das despesas obrigatórias, subestima o real valor desse grupo de despesas ao não incluir o mínimo que tem que ser aplicado nos setores de educação e saúde em decorrência das vinculações constitucionais, computando apenas as despesas com o pessoal empregado nesses setores,[50] e a justificativa para isso é a regra adotada para a comprovação do cumprimento do preceito constitucional mencionada anteriormente.

Ao ajustar os números para levar em conta esse fato, o índice que mostra a relação entre despesas obrigatórias e receitas ordinárias, assim consideradas as receitas administradas pela RFB e as contribuições para a previdência social, nas previsões orçamentárias para 2016 já seria de 106%.[51] E isso mostra o ponto a que chegamos!

Ademais, importa chamar atenção para o fato de que os percentuais anteriores, que mostram a relação entre despesas obrigatórias e receitas ordinárias, baseiam-se em previsões de arrecadação de tributos ainda

---

[49] Despesas obrigatórias somam R$ 960,2 bilhões e receitas ordinárias R$ 1.007,2 bilhão. Os números constam da apresentação da proposta orçamentária feita pelo ministro Nelson Barbosa em 31 de agosto de 2016.

[50] Na proposta orçamentária estas despesas são chamadas de não contingenciáveis.

[51] De acordo com as regras vigentes e tendo em conta as estimativas oficiais, o mínimo a ser aplicado em saúde em 2016 seria de 0,03% do PIB e em educação de 0,017% do PIB. Descontados os gastos com pessoal, restaria cerca de 107 bilhões de despesas de custeio e investimento para cumprir a regra imposta pela Constituição, o que levaria o montante de despesas obrigatórias para R$ 1.067 bilhão, para uma receita ordinária de R$ 1.007 bilhão.

otimistas, apesar da revisão feita por ocasião do envio dos projetos ao Congresso.

Ao apontar para essa distorção, a proposta consiste em adotar uma regra mediante a qual as receitas extraordinárias devem ser utilizadas exclusivamente para financiar despesas de investimento em projetos de infraestrutura econômica, que contribuam para aumentar a produtividade da economia e aumentar o crescimento, fornecendo, assim, um suporte importante para atenuar os impactos sociais negativos das medidas necessárias para promover a consolidação fiscal.

Ao não permitir o uso de receitas extraordinárias para cobrir despesas correntes, inclusive as de caráter obrigatório, a medida prevista nessa proposição evidencia mais uma questão que precisa ser contemplada na negociação envolvida nas decisões sobre a parcela da receita corrente líquida a ser utilizada para o financiamento do déficit previdenciário, *vis-à-vis* o que precisa ser destinado à cobertura de outras prioridades nacionais.

Como aponta a experiência de vários países da Europa que adotaram programas de consolidação fiscal para enfrentar as consequências da crise financeira de 2008, a adoção de medidas de suporte ao crescimento, que além de investimentos na infraestrutura, pode contemplar também incentivos temporários a alguns setores, é importante para obter o apoio da população a programas de consolidação fiscal.

3. A crise institucional e o caminho para a reconstrução do orçamento

O processo orçamentário sofre de uma profunda crise institucional. As instituições criadas para introduzir racionalidade na condução desse processo perderam sua funcionalidade e precisam ser reconstruídas para que o orçamento público recupere suas funções em uma democracia.

O vazio institucional abriu espaço para as inúmeras transgressões utilizadas no passado recente e que estão na origem dos desequilíbrios que agora precisam ser corrigidos. O único sobrevivente do terremoto que destruiu as instituições orçamentárias, mesmo assim fortemente abalado nas suas fundações pelas manobras adotadas recentemente, foi a Lei de Responsabilidade Fiscal. A importância das normas instituídas por essa lei para a preservação da estabilidade monetária foi o que salvou esta lei da destruição, haja vista o reconhecimento político da importância que a população de baixa renda atribui à estabilidade da moeda. Suas fundações precisam ser reforçadas, mas é preciso ir adiante.

Está na hora, portanto, de reforçar os alicerces da estrutura institucional criada no alvorecer deste século e construir um novo edifício que reorganize o processo orçamentário e contribua para a vitalidade do orçamento.

Ao explicitar a necessidade de atribuir outras receitas para financiar o déficit previdenciário, a primeira proposição provoca um debate a respeito e demanda uma negociação política sobre o espaço que ficará disponível para atender às demais prioridades, contribuindo para a discussão sobre as mudanças no regime de previdência.

De outra parte, ao explicitar as limitações que a contínua acumulação de despesas de educação e saúde em Restos a Pagar cria para a eficácia das vinculações, em razão da progressiva queda no índice de execução de despesas autorizadas no orçamento do ano e do decorrente aumento de despesas previstas em anos anteriores, a segunda proposição contribui para o aperfeiçoamento do processo orçamentário e agrega elementos importantes para a negociação a que se refere o parágrafo anterior.

Por seu turno, a terceira proposição adiciona mais um aspecto importante a ser observado nos debates sobre a repartição das receitas públicas, ao destacar a impropriedade de usar receitas extraordinárias para adiar o enfrentamento de desequilíbrios estruturais e, assim, contribuir para a remoção das raízes dos desequilíbrios fiscais.

Tomadas em conjunto, elas concorrem para:
a) a busca do equilíbrio no atendimento das prioridades nacionais;

b) a busca da eficiência do gasto e da eficácia das garantias constitucionais;
c) a busca de um caminho para avançar no rumo da consolidação fiscal.

A crise é grave e o momento requer a união de esforços de todos os brasileiros para o encaminhamento de mudanças que tenham como lema restaurar o que está inscrito em nossa bandeira: ORDEM E PROGRESSO.

CONCLUSÃO

Esperanças e desalento —
é preciso puxar o fio da meada para desembaraçar o novelo fiscal

No alvorecer de 2015 o Brasil vivia um momento de renovadas esperanças alimentado pelas novas medidas anunciadas pelo governo para corrigir os desequilíbrios nas contas públicas. Mas o sucessivo fracasso na obtenção do acordo necessário para aprová-las, num ambiente de agravamento dos conflitos políticos, fez com que o ano terminasse marcado por um grande desalento. Reafirmação de compromisso com a responsabilidade fiscal e insistência em mudanças pontuais não serão suficientes para mudar o ânimo da população e o humor dos investidores. Será preciso bem mais do que isso.

Será preciso buscar o fio da meada para desembaraçar o novelo fiscal. Um novelo composto por vários fios de cores, tamanhos e espessuras diferentes, que foram se embaralhando ao longo dos anos, formando um rolo de grandes dimensões que tem resistido a todas as tentativas de desembaralhá-lo. A imagem desse novelo é o nosso orçamento. Nele entrelaçam-se os fios que identificam os distintos itens da despesa, as várias fontes de financiamento, as diversas modalidades de transferências e as principais modalidades de relacionamento político. Toda vez que tentam puxar uma das pontas aparentes desse novelo, o resultado é aumentar ainda mais a dificuldade para desenrolá-lo.

Ao puxar o fio da meada, que como mostramos está localizado no interior do novelo gerado pelos desdobramentos das regras adotadas no artigo 195 da Constituição, ele fica em condições de ser aos poucos desenrolado.

A recomposição do equilíbrio no financiamento das prioridades sociais e a melhoria da eficiência e da eficácia das garantias constitucionais puxam o fio que amarrou o financiamento desses programas a tributos de má qualidade, permitindo remover os entraves tributários à competitividade da economia e à preservação de um modelo de crescimento econômico com inclusão social. Por sua vez, a maior eficiência nos gastos reforça os fios que sustentam a responsabilidade fiscal e a governabilidade democrática, evitando que eles se rompam em momentos de adversidade. Adicionalmente, à medida que o novelo vai se desenrolando, surgem as pontas que escondiam os fios que ao serem puxados permitirão avançar na correção dos desequilíbrios federativos.

Ao puxar o fio da meada, o país estaria dando um passo fundamental para que a reforma orçamentária abra caminho para o avanço das demais reformas essenciais ao desenvolvimento do Brasil.

Referências

ALMEIDA, Mansueto. *A difícil tarefa do ajuste fiscal de 2015*. s.d.1. Mimeografado.

_____. *Análise da proposta orçamentária de 2016*. s.d.2. Mimeografado.

_____. *Newsletter*, 1º dez. 2015. Mimeografado.

DOWNES, Ronald. Restoring public finances: fiscal and institutional reform strategies. In: SEMINÁRIO INTERNACIONAL AJUSTES FISCAIS E REFORMAS ORÇAMENTÁRIAS: A EXPERIÊNCIA INTERNACIONAL E O CASO BRASILEIRO, 19 e 20 out. 2015, Fundação Getulio Vargas, Rio de Janeiro.

GOVERNO FEDERAL. Secretarias de Orçamento e do Tesouro Nacional. *Relatório de avaliação de receitas e relatório de avaliação de receitas e despesas primárias*. 5º bim. 2015. Brasília, nov. 2015.

OECD. *Spending reviews, background note*. 2015.

PRUD'HOMME, Remy; SHAH, Anwar. Centralização versus descentralização: o diabo está nos detalhes. In: REZENDE, Fernando; OLIVEIRA, Fabrício. *Federalismo e integração econômica regional*: desafios para o Mercosul. Porto Alegre: Fundação Konrad Adenauer, 2004.

REZENDE, Fernando. *A metamorfose do Estado*. São Paulo: Edições Abag, 1993.

_____. *A política e a economia da despesa pública*. Rio de Janeiro: Editora FGV, 2015.

_____. *A reforma tributária e a federação*. Rio de Janeiro: FGV, 2009.

_____. *Avaliação do setor público na economia brasileira*. Ipea, Coleção Relatórios de Pesquisa nº 13, 1972.

_____. O Estado partido: comportamento das despesas públicas e da dinâmica socioeconômica na Nova República. In: _____; CUNHA, Armando (Org.). *A reforma esquecida I*. Rio de Janeiro: FGV, 2013a.

_____. *O federalismo brasileiro em seu labirinto*. Rio de Janeiro: FGV, 2013b.

_____. O processo orçamentário e a armadilha fiscal do baixo crescimento. In: _____; CUNHA, Armando (Org.). *A reforma esquecida II*. Rio de Janeiro: FGV, 2014.

_____. *Reforma fiscal e equidade social*. Rio de Janeiro: FGV, 2012.

_____; ALMEIDA, Mansueto. *Desequilíbrios fiscais, reforma orçamentária e ajuste estrutural das contas públicas*. abr. 2015. Mimeografado.

_____; CUNHA, Armando (Org.). *A reforma esquecida I*. Rio de Janeiro: FGV, 2013.

_____; _____. *A reforma esquecida II*. Rio de Janeiro: FGV, 2014.

_____; _____. *Contribuintes e cidadãos*: compreendendo o orçamento federal. Rio de Janeiro: FGV, 2002.

_____; _____. *Disciplina fiscal e qualidade do gasto público*. Rio de Janeiro: FGV, 2005.

_____; _____. *O orçamento público e a transição do poder*. Rio de Janeiro: FGV, 2003.

_____; OLIVEIRA, Fabrício; ARAUJO, Erika. *O dilema fiscal*: remendar ou reformar? Rio de Janeiro: FGV, 2007.

ROBINSON, Marc. Budget reform before and after the global financial crisis. In: ANNUAL OECD SENIOR BUDGET OFFICIALS MEETING, 36., 2015.

WANNA, John. Investigating the reality of reform in modern budgeting. In: _____; JENSEN, Lotte; VRIES, Jouke de (Ed.). *The reality of budgetary reform in OECD nations*. Cheltenham: Edward Elgar, 2010.